Value Merchants

价格战说不

——价值销售的赢之道

〔美〕詹姆斯·C.安德森

尼尔马利亚·库马尔

詹姆斯·A.纳鲁斯 著

孔 辛 译

商务印书馆

2011年·北京

James C. Anderson, Nirmalya Kumar & James A. Narus

VALUE MERCHANTS

Demonstrating and Documenting Superior Value in Business Markets

Original work copyright ⓒJames C. Anderson, Nirmalya Kumar, and James A. Narus

Published by arrangement with Harvard Business School Press.

图书在版编目(CIP)数据

向价格战说不——价值销售的赢之道/(美)安德森,库马尔,纳鲁斯著;孔辛译. —北京:商务印书馆,2011
ISBN 978 - 7 - 100 - 07558 - 9

I. ①向… II. ①安…②库…③纳…④孔… III. ①企业—价格—市场竞争—研究 IV. ①F274

中国版本图书馆 CIP 数据核字(2010)第 238497 号

向价格战说不
——价值销售的赢之道

〔美〕詹姆斯·C.安德森

尼尔马利亚·库马尔

詹姆斯·A.纳鲁斯 著

孔 辛 译

商 务 印 书 馆 出 版
(北京王府井大街36号 邮政编码 100710)
商 务 印 书 馆 发 行
北 京 瑞 古 冠 中 印 刷 厂 印 刷
ISBN 978 - 7 - 100 - 07558 - 9

2011 年 10 月第 1 版　　　　开本 700×1000　1/16
2011 年 10 月北京第 1 次印刷　印张 12
定价:30.00元

致中国读者

哈佛商学院经管图书简体中文版的出版使我十分高兴。2003年冬天,中国出版界朋友的到访,给我留下十分深刻的印象。当时,我们谈了许多,我向他们全面介绍了哈佛商学院和哈佛商学院出版公司,也安排他们去了我们的课堂。从与他们的交谈中,我了解到中国出版集团旗下的商务印书馆,是一个历史悠久、使命感很强的出版机构。后来,我从我的母亲那里了解到更多的情况。她告诉我,商务印书馆很有名,她在中学、大学里念过的书,大多都是由商务印书馆出版的。联想到与中国出版界朋友们的交流,我对商务印书馆产生了由衷的敬意,并为后来我们达成合作协议、成为战略合作伙伴而深感自豪。

哈佛商学院是一所具有高度使命感的商学院,以培养杰出商界领袖为宗旨。作为哈佛商学院的四大部门之一,哈佛商学院出版公司延续着哈佛商学院的使命,致力于改善管理实践。迄今,我们已出版了大量具有突破性管理理念的图书,我们的许多作者都是世界著名的职业经理人和学者,这些图书在美国乃至全球都已产生了重大影响。我相信这些优秀的管理图书,通过商务印书馆的翻译出版,也会服务于中国的职业经理人和中国的管理实践。

20 多年前，我结束了学生生涯，离开哈佛商学院的校园走向社会。哈佛商学院的出版物给了我很多知识和力量，对我的职业生涯产生过许多重要影响。我希望中国的读者也喜欢这些图书，并将从中获取的知识运用于自己的职业发展和管理实践。过去哈佛商学院的出版物曾给了我许多帮助，今天，作为哈佛商学院出版公司的首席执行官，我有一种更强烈的使命感，即出版更多更好的读物，以服务于包括中国读者在内的职业经理人。

　　在这么短的时间内，翻译出版这一系列图书，不是一件容易的事情。我对所有参与这项翻译出版工作的商务印书馆的工作人员，以及我们的译者，表示诚挚的谢意。没有他们的努力，这一切都是不可能的。

哈佛商学院出版公司总裁兼首席执行官

万 季 美

目录
CONTENTS

前　　言

本书目标读者为服务于业务市场的企业、机构的总经理、市场总监和销售总监。我们时常听到这类高管们抱怨:虽然自己相信自身产品或服务具有优势价值,但很难说服客户相信这一点。客户方经理在时间越来越紧迫、业绩压力越来越大的情况下,似乎把压低价格当做唯一的出路。导致这种情况的原因何在? 是客户价值取向错误? 是不了解如何展示自身产品相对于竞品的优势价值并使客户信服? 销售人员工作态度消极或者缺乏价值销售能力,因此只能依靠价格让步维持现有业务或赢得新业务? 上述每一种情况都有可能导致业务量上升但赢利能力大大落后的尴尬局面。

本书旨在帮助企业总经理、市场总监和销售总监克服这类障碍,在凭借自身产品或服务为目标客户实现优势价值的同时,获得更加丰厚的利润回报。我们认为,要想在当今严酷的业务市场上获得成功,供应商经理必须从根本上重新审视其业务理念以及理念的实践效果。供应商必须以展示和记录其产品或服务的优势价值为基础开展业务,并采用我们称之为客户价值管理的管理模式将这一理念付诸实践。客户价值管理是业务市场上的一种先进而实用的方法。业务市场从根本上来讲有两大基本目标:

1.为目标细分市场和目标客户公司实现优势价值

2.凭借所实现的优势价值,获取公平合理的回报

客户价值管理依靠客户价值评估,了解客户需求与偏好以及满足客户需求与偏好的货币价值。企业在不进行客户价值评估的情况下也可以完成第一个目标,但不可能实现第二个目标。简而言之,供应商要凭借为客户实现的价值获得公平合理的回报,就必须有能力展示并记录其相对于竞品为客户实现的优势价值,并使客户信服。

本书将对客户价值管理模式及其实施方法进行详细阐述。首先明确价值定义,然后逐步推进,最终向读者展示如何凭借优势价值获取利润。我们以来自各行各业、各个国家的企业为例,真实而形象地阐述我们的方法。同时,本书融入了我们过去十年在多家公司实施客户价值管理模式的经验。期间,我们见证了客户价值管理为公司业绩提升所做出的巨大贡献。凭借优势客户价值获取利润——此时不出手,更待何时?

致　　谢

本书写作过程中得到了许多个人和机构的大力支持。在此,我们除了对所有支持我们的人表示感谢外,特别感谢以下各位的支持与帮助。

首先,许多管理人员百忙之中抽出时间接待我们,对此我们表示衷心的感谢。他们与我们分享的最佳实践方法为本书做出了巨大贡献。在此,我们特别感谢以下几位:

阿克苏诺贝尔公司　纳达·艾尔－赛恩(Nada El-Zein)

应用工业技术公司　埃莉莎·斯嘉丽塔(Elisa Scarletta)和马克·斯通伯纳(Mark Stoneburner)

Axios 合伙公司　埃里克·博格瑞恩(Eric Berggren)和斯蒂芬妮·朱克(Stefanie Zucker)

Composites One 公司　斯蒂夫·戴姆罗(Steve Dehmlow)

道康宁公司　迈克·拉纳姆(Michael Lanham)

伊士曼化学公司　艾利斯·格里芬(Alice Griffin)和罗伯特·史密斯(Robert Smith)

固安捷公司　罗伯·克里斯托弗(Robb Christopher)和狄

致谢

	波拉·欧勒（Debra Oler）
鹰图公司	弗兰克·卓普（Frank Joop）
肯纳金属公司	乔伊·钱德勒（Joy Chandler）和约翰·斯坦（John Stan）
荷兰皇家航空公司货运部	马塞尔·德·诺耶（Marcel de Nooijer）和伊克·范·阿施（Eelco van Asch）
美利肯公司	吉恩·洛（Gene Lowe）
橙色奥卡公司	巴斯·拜克斯（Bas Beckers）和波特·威廉斯（Bert Willemsen）
Peopleflo 公司	威廉·布兰克梅尔（William Blankemeier）
奎克化学公司	阿特·赫尔姆斯泰特（Art Helmstetter）
罗克韦尔自动化公司	乔·拉扎姆（Joe Razum）
暹罗城市水泥公司	西瓦·玛哈散达纳（Siva Mahasandana）和倡塔纳·苏库马纳特（Chantana Sukumanont）
SKF 公司	托德·斯内尔格罗夫（Todd Snelgrove）
实耐格公司	艾迪·L.史密斯（Eddie L. Smith）
世伟洛克公司	迈克·布克考维克（Michael Butkovic）和杰克·艾克（Jackie Eckey）
塔塔钢铁公司	皮尤实·古朴塔（Peeyush Gupta）和阿南德·森（Anand Sen）

感谢宾夕法尼亚州立大学业务市场研究所（ISBM）给予本书管理实践研究的资金支持。尤其感谢 ISBM 执行总监拉尔夫·奥利娃（Ralph Oliva）与研究总监加里·利恩（Gary Lilien）对本书的支持。

感谢哈佛商学院出版社的克里斯滕·桑德伯格（Kirsten Sandberg）对本书的支持与编辑指导。

詹姆斯·C.安德森对凯洛格商学院的研究助手——柴塔利·巴格代夫（Chaitali Bhagdev）、阿比耐夫·嘎塔尼（Abhinav Gattani）和阿克沙亚·古哈提（Akshaya Gulhati）为本项目提供的协助表示感谢。同时感谢他的私人助手詹姆斯·沃德（James Ward）为本书提出的有益建议，以及为本书数据和图表编辑工作所提供的协助。

尼尔马利亚·库马尔感谢以下公司及个人常年来为他提供机会，以检验他在业务市场价值方面的想法：ACC 公司、Aditya Birla 集团、阿克苏诺贝尔公司、艾尔肯公司、Alfred McAlpine 公司、AT&T 公司、Bekaert 公司、Bertelsmann Direct 集团（Gerd Buhrid、Eward Walgenbach）、BT 公司（Tim Evans、Gavin Patterson）、卡特彼勒公司、切尔顿公司、大陆公司、陶氏化学公司（Carlos Silva Lopes）、杜邦公司、Essel Propack 公司（Ashok Goel）、固特异公司、阿布扎水泥公司、惠普公司、霍尔希姆公司（Markus Akermann、Paul Hugentobler）、Hydro 铝业公司、IBM、ICI、ISS、Jadine Matheson 公司、Jotun 公司、摩托罗拉公司、诺基亚公司、挪威邮电公司、奥克拉集团（Karin Aslaksen、Ole Enger）、RPG 公司（Pradipto Mohaptra）、赛必可公司、壳牌公司、迅达公司、TetraPak 公司、沃尔沃公司、WPP 集团（Mark Read）、森沙技术公司（Ganesh Natarajan）。同时感谢伦敦商学院的同事，以及阿迪亚波拉印度中心（Aditya Birla India Centre）联合总监苏西拉·耶苏迪安－斯托夫耶尔（Suseela Yesudian-Storfjell）。

詹姆斯·A.纳鲁斯感谢以下公司与经理对本项目的协助：W.R. Grace 公司（Larry Golen）、奥库马美国公司（Seth Machlus）、实耐格（Vicki Arthur、Greg Powell）、提姆肯公司（Brian Berg）、沃尔沃卡车公司（Clay Flynt）。

第一章　价值贩卖商

以可证实的优势价值为基础开展业务

一家生产用于调整输入功率的集成电路(IC)供应商正在争取与某电子装置制造商开展业务。这家电子装置制造商预计需要购买五百万套集成电路,用于新一代电子装置的开发。在谈判过程中,供应商的销售人员了解到,竞争对手的报价为45美分,比自己的35美分低10美分。客户请两家供应商的销售人员解释各自产品相对于竞品的优势价值所在。该销售人员答复说,他为客户提供的全心全意的服务就是其产品优势价值所在。

也许他并不清楚,客户在此之前早已创建了一个客户价值模型,并通过这个模型发现,虽然他的产品在价格上高出10美分,但实际上却比另一家供应商在价值上高出15.9美分。而且,负责产品开放项目的电子工程师建议支持该项目的采购经理购买该供应商的集成电路产品,虽然价格偏高。该销售人员个人提供的全心全意的服务,作为一个有利的区隔点,在客户价值模型中的价值为0.2美分。不幸的是,这个销售人员忽视了体现最重要的差别价值的两个因素,显然没有意识到竞品与其产品之间的差距,以及这些差距对于客户意味着多少价值。因此,不出所料,当采购方在谈判过程中不断施加价格压力时,销售人员最终同意把价格降低 10 美分,与竞争对手价格持平,方才"赢得"这笔生意(也许他怀疑,他所提供的优质服务根本不值 10 美分)。那么结果怎么样呢?公司在这一笔生意上就损失了 50 万美元的潜在利润!

您不妨和业务市场上经验丰富的经理人或业务单元主管聊一聊。相信他们的经历是相似的:

- 他们的销售人员对于客户价值的真正来源知之甚少。
- 企业对优势价值的承诺模棱两可,毫无数据支持。
- 销售人员没有成为价值贩卖商,通过强调产品或服务的优势价值实现销量与利润双丰收,而是经常扮演价值挥霍者的角色,为做成一笔生意降低价格,从而将价值白白送人。
- 尽管企业所提供的价值大于竞争对手,仍然被迫做为纯商品参与竞争,因此其优势价值根本无法得到公平的回报。

正如刚才的案例所探讨的那样,结果只能是虽然供应商坚信其产品服务的价值大于略逊一筹的竞争对手,却仍然深陷价格战而无法自拔。像案例中那家供应商一样"把到手的钱拱手送人",对供应商的赢利能力有着直接的、相当大的负面影响。为什么这种现象在业务市场上屡见不鲜呢?

业务市场上的采购经理在战略和战术上变得越来越老奸巨猾。采购经理及其他客户经理越来越多地承担起降低成本的责任,因此简单相信供应商成本节约的承诺对他们来讲太过奢侈。而节约成本相对更便捷的方法就是把目光盯在价格上,迫使供应商降价。为增加谈判筹码,采购经理总是试图说服供应商他们的产品或服务与竞品相同,也就是说,他们很容易被替代。面临这种压力,正如集成电路供应商的案例所阐释的那样,供应商难免妥协降价。业务市场上很少见到以可证实的优势价值为基础开展业务的供应商。

服务于业务市场的公司——即企业、机构或政府——的高级管理人员经常被简单地看做"商品"供应商,这让他们感到无奈和失意。他们的客户要求越来越多,且总能轻易得逞,却不愿为此付钱。企业不断要求降低成本,因此强加在供应商身上的价格压力不可能得到缓解。因此,维持原有业务,甚至薄利多销——这是一个非常普遍的应对方法——都将无法帮助供应商摆脱困境。

客户价值管理: 一种先进、实用的方法

为减轻价格与商品化的压力,企业必须从根本上重新审视业务开展原理,以及如何理论联系实践。供应商必须采用以可展示、可用事实证明的优势价值为基础开展业务的原理,并使用客户价值管理方法,将这种原理付诸实践。客户价值管理是业务市场上一种先进、实用的方法,本质上有两大基本目标:

1.为目标市场细分与客户公司实现优势价值
2.获得与所实现的价值相匹配的等值回报

客户价值管理凭借客户价值评估,了解客户需求与偏好,以及满足客户需求与偏好所对应的金钱回报。在没有对客户价值进行系统评估的情况下,也许企业可以实现第一个目标,但绝不可能实现第二个目标。简而言之,为获得与其产品或服务所带来的价值相匹配的等值或公平的回报,供应商必须能够展示并用数据来证明,他们相对于略逊一筹的对手所能够实现的优势价值,并使客户信服。

"绿"钱与"灰"钱

业务市场上大多数企业的高级管理人员都已清楚地认识到,如果他们能够降低产品与服务的采购价格,节约的部分便可以转化为利润的提

升。因此,企业纷纷为采购部门设定产品与服务采购成本节约的目标。这类目标通常表现为总成本降低目标,主要形式有以下两种。一种表示为目标成本降低额,如三年内产品与服务采购成本降低 20 亿美元(如某石油公司);另外一种表示为年度成本降低百分比,如连续三年成本分别降低 10%、5% 和 5%(如某汽车制造商)。然而,用这类目标来指导具体采购行为,常常导致一种偏激的现象。一位采购总监把这种现象称之为"绿钱驱逐灰钱"。这句话是什么意思呢?

绿钱(美元纸币的主要颜色)指采购经理很容易获得赞赏的那部分成本节约,而灰钱指很难解释清楚的那部分成本节约。从三个投标方中选择一个价格最低的,然后通过谈判进一步压低采购价格,这类成本节约为绿钱。绿钱直接体现了采购部门对于高层设定的目标达成所做出的贡献。选择总体拥有成本较低但采购价格较高的成本节约为灰钱。由于时间及衡量能力有限,采购经理可能无法用数据来证明确实获得了供应商所承诺的成本节约。

其实不必如此。某汽车生产线控制系统制造商派销售人员去潜在客户处收集数据,包括客户需要何种控制系统,总成本是多少(不仅仅是采购价格,而是包括安装和人员培训在内的全部成本),以及回款期限。该销售人员把采集到的所有数据撰写成一份报告,阐述了潜在的成本节约,然后将这份报告提交给了潜在客户。那么,包括封面的署名会是谁呢? 当然是客户方采购经理的名字。供应商销售的名字是不会出现在报告封面上的。现在,采购经理就可以拿着这份报告跟高层说:"看,我和这家供应商进行了联合调研,关于如何节省成本,都在这里了。"那么,这家供应商做了什么呢? 帮助采购经理把灰钱变成了绿钱。还有另外一个好处,那就是节省了采购经理的宝贵时间。

展示并用数据证明优势价值

为获得等值或公平的回报,供应商必须有能力展示并用数据证明其产品或服务为客户实现的优势价值,并使客户信服。这种趋势愈演愈烈。所谓"展示",是指供应商以令人信服的方式向客户说明,其相对竞争对手略逊一筹的产品或服务可以带来的优势价值。价值案例历史记录是诸如荷兰尼德拉集团(Nijdra Group)和罗克韦尔自动化公司(Rockwell Automation)等模范供应商所使用的一种工具。价值案例历史记录是客户使用供应商产品或服务所获得的成本节约或价值增值的书面记录。模范企业,如 GE 基础设施集团水处理及工艺过程处理公司(GE Infrastructure Water & Process Technologies)以及 SKF 集团,向客户展示其产品或服务价值时所采用的另外一种方法是使用客户价值评估工具,我们称之为价值计算器。这类工具其实是销售人员或价值专家在手提电脑上操作的一种表格应用软件,是向客户展示产品或服务价值的咨询式销售模式的一部分。

展示优势价值是必需的,但在当今业务市场上,不足以成就模范企业。供应商还必须将其产品或服务为客户所实现的成本节约和新增利润记录下来。供应商需要与客户一起确定跟踪成本节约和新增利润的方式,并在一段适当时间后,和客户方经理一同详细研究跟踪结果。

记录为客户实现的优势价值对供应商来说有四大好处。首先,这样做增强了产品或服务价值展示的可信度,因为客户方经理知道供应商愿意日后回来记录所实现的价值。其次,使得客户经理为所节省的成本或提升的利润获得赞赏。再次,帮助供应商创建价值案例历史记录以及其他材料,用于市场沟通,说服潜在客户,他们也可以通过使用该供应商的产品或服务获得相同的价值。最后,通过比较实际实现的价值与产品展示时所承诺的价值,并对差距进行回顾,可以促使供应商不断探讨实现产品或服务价值最大化的方法,使得供应商再接再厉,为目标客户服务。我们将供应商用来记录产品或服务价值的工具称之为价值记录器。

假设你是一位农场主。两家供应商向你提供塑料薄膜,即用来保持湿度、防止杂草丛生、使瓜果蔬菜密集生长的一种极薄的塑料膜。其中一家供应商对你说："相信我们。我们的塑料薄膜可以降低你的成本。"而另外一家名叫实耐格（Sonoco）的供应商告诉你："实耐格每亩为您节省 16.83 美元的塑料薄膜成本。"而且实耐格销售人员主动向您阐释这个数字具体是怎么计算出来的。那么，哪家供应商的价值取向更有说服力呢？

客户价值管理如何带来成功

在采纳一种新的业务开展方式之前，高层总想知道，为什么这种方式比其他方式成功几率更高。这种方式独特的优势在哪里？客户价值管理具备三大独特优势：合理的价值定义，先进而实用的价值评估方法，以及把对客户价值的理解转化为卓越业绩的、经过实践检验的概念和工具。

合理的客户价值定义。要获得成功，高层需要一个自己、其他管理人员、销售以及客户都能准确理解并承认其合理性的客户价值定义。尽管业务市场上不乏对客户价值的各种著作与讨论，我们认为，迄今为止并未出现一个合理的、可理解的定义。因此，业务市场对"客户价值"的理解五花八门，妨碍了客户价值评估的执行。

第二章将阐述这一全面、合理的客户价值定义。这一定义所采用的衡量方式与客户做出采购决策时所使用的相同（表示为货币数额，而非重要性级别）。这一定义明确规定了什么是价值，什么不是价值（如价格）。最后，我们对于根本价值方程式的表达尤其适用于实际的评估，反映了客户在选择服务或产品时如何做出取舍。

先进而实用的价值评估方法。实际应用起来比较笨拙或者只有统计专家才能使用的方法，在推广过程中肯定会遇到阻力，尤其是来自销售团队和客户方面的阻力。例如，总体拥有成本作为一个概念是很难辩驳清楚的。问题在于,它在实践中是不可行的。客户在与供应商合作方面缺乏耐心,因为客户方经理有更重要的任务要完成,时间相当宝贵。曾经只负责一千万美元业务的某级别经理,现在可能需要负责五千万的生意。而且,客户并不情愿将自己的数据与供应商分享。上述情况均不利于追求准确性而且大量耗费时间的数据收集过程,因此很难估算成本,更何况是总体拥有价值。结果,一切努力最终不得不妥协,转而走捷径——如填填表格、猜测一下,或者重复使用旧观点——来替代真实的数据收集。[1]

相比之下,我们的客户价值评估方法的每一个层面都是与多个行业的供应商联合开发并完善起来的。这一方法注重的是供应商和客户在最重要的价值元素——即供应商的产品或服务降低客户成本或增加客户收入及利润的具体方法——上的有限资源,并以最恰当的方式进行评估。第二章和第三章将详细阐述一种衡量方法来准确锁定这些价值元素,指出评估每个价值元素所需要的数据。我们强调数据收集尽可能排除主观臆断。我们的指导原则是创造新知识而非重复旧观点。因此,检验我们的方法是否有效的试金石就是:参与调研的供应商和客户方人员是否通过调研,加深了对供应商产品或服务如何为客户产生价值增值或成本节约方面的理解?我们的方法使得销售和市场部门为以事实为根据的管理模式做出重要贡献。[2]

采用经过实践检验的概念和工具,取得辉煌业绩。我们与客户的长期合作以及十几年的管理实践研究,使我们发现、改进并完善了一系列概念和工具。这些概念和工具只要应用得当,便会威力无穷,其中包括调整客户价值取向,使之与目标客户相一致;创建并部署销售人员乐于使用并且有能力使用的以价值为基础的销售工具;以及不断探索新知,旨在更好地理解实现卓越业绩的动力。希望各位读者明白,客户价值管理模式中不存在任何欺骗、诡计、不当手法或技巧;相反,它是一种经过实践检验的、可以大大提升业绩的根本思维方式。全书（尤其是第八章）将向各位展示一系列证据点，来证明供应商是如何应用我们所倡导的这种管理模式取得辉煌业绩的。

通过客户价值管理提升业绩

总的来说，业务市场上盛行三种基本销售模式。第一种是价格销售。大部分公司不会接受价格销售，因为这需要疯狂的成本节约，如将生产移至海外低成本地区，以及薄利多销（希望如此）。在这种商品交易中，采购经理往往掌握主动权，而供应商定价灵活性很小。供应商可以尝试打价格战，但在某一市场上，能有多少家供应商最终打出最低价格？只有一家。不愿正视这一基本现实的供应商不断压低价格来争取业务，结果只能被精明的采购经理玩弄于股掌之间。

为摆脱单一的价格战策略，大多数供应商转而采用另外一种方法，即声称可以为客户提供优势价值——也应为此获得相应回报。可惜，这些供应商只是空喊口号"相信我们，我们的产品或服务更有价值"。要知道，口号只是口号！这些口号没有供应商的深入分析作为支持，因此无法向客户证实，也无法用数据证明。结果只能是供应商在采购经理的压力之下走投无路，最终不得不压价。正如集成电路供应商案例所说，这并不意味着供应商产品或服务不具备优势价值；只是供应商本身缺乏证实优势价值的能力。即使供应商和客户一致认为前者的产品或服务相对竞争对手确实能够实现更大价值，而至于这部分优势价值对于客户到底意味着多少货币金额，两者也存在很大分歧。

于是便产生了我们在本书所推荐和开发的第三种方法。客户价值管理方法以数据为支撑，展示并证实供应商产品或服务为客户带来的优势价值，并将这种优势价值表示为货币金额。如果一家企业在行业中成本最低,而且情愿将成本优势转嫁给客户,而不是利用这一优势建立对目标客户有价值的区隔点,那么打价格战也许奏效。然而,对于大多数企业来说,客户价值管理对于提升业绩是一种更加有效的途径。但令人惊讶的是,只有少数几家先进的企业采用了这种方法。我们来看一看实耐格的案例。

实耐格:开创辉煌业绩

实耐格首席执行官小哈里斯·德洛奇(Harris DeLoach Jr.)带领其执行委员会,为公司制定了雄心勃勃的业绩增长目标:实现年增长率为两位数字的可持续赢利增长。德洛奇与执行委员会相信,采用客户价值管理方法对于实现增长目标是至关重要的。因此,德洛奇推行了一个独特价值取向(DVP)项目,由战略与业务发展副总裁艾迪·史密斯(Eddie Smith)和一名执行委员会成员领导实施。史密斯决定,实耐格的独特价值取向必须符合以下三个标准:

1.独特;实耐格的价值取向必须与众不同。

2.可衡量;所有价值取向以可用货币加以量化的有形区隔点为基础。

3.可持续;实耐格可以长久沿用这一价值取向。

史密斯还有一个不成文的规定,即实耐格所有价值取向必须用客户特有的语言表达出来。也就是说,销售和市场人员必须认识到,这一价值取向对客户意味着什么。

执行团队把价值取向作为高层管理人员十大衡量标准之首,以此展示独特价值取向对于业务单元业绩提升的重要性。然后由高层管理人员在高级管理会议上,明确针对各目标市场细分及大客户的价值取向。每一个价值取向都经过独特价值取向三个标准的检验。然后,总经理收

到对于价值取向标准(以及其他九大增长因素的标准)的反馈总结,如下:

- 绿灯:能够达成赢利增长目标
- 黄灯:存在重大问题,有待解决
- 红灯:无法达成赢利增长目标

实耐格高层不满足于单纯的主观判断,而是收集必要数据,分析业务单元所制定的价值取向于其业绩之间的关系,结果发现两者之间在很大程度上成正比关系。而且,公司还发现,独特价值取向能够带来业务单元业绩的提升。

那么,实耐格凭借客户价值管理方法与独特价值取向,作为手段之一,最终是否达成了高层所设定的总体业绩增长目标呢?实耐格2003年到2004年销量增长了14.4%,2004年到2005年增长了11.8%,2005年到2006年增长了4.1%,三年平均增长率为10.1%。赢利能力也许是更重要的指标——息税前利润从2003年到2004年上升23.9%,2004年到2005年上升14.6%,2005年到2006年上升了17.6%,三年平均增长率为18.7%。虽然卓越的业绩取决于多方面因素,实耐格案例有力地证明了客户价值管理所发挥的重要作用。

在业务市场上推行以价值为导向的理念

业务市场上,企业高层肩负着领导以价值为基础的市场战略的责任。高层需要让企业上下统一认识,即价值是由企业核心产品或服务以及配套增值服务共同产生的,并理应为此获得等值回报。在规模较大的多元化企业,每个业务单元的高级管理层——尤其是总经理和市场、销售总监——对客户价值管理负有主要责任。我们会让大家明白,客户价值管理不仅仅是市场和销售部门的事,总经理必须最终拥有并领导其成功实施。

　　虽然"高层支持"听起来有些老生常谈,但我们在企业实施客户价值管理的成功与失败案例中总结发现,它不但不是老掉牙,而且是企业必须具备的。所谓高层支持,也许只是高层简单的几句话,指出客户价值管理的重要性。更加深入的宣传就要看他们选择如何安排时间了。特地安排时间参加客户价值管理项目启动仪式、担任客户价值项目的发起人、监控客户价值管理项目进展,以及单独安排一天时间参加变革业务案例并给出反馈意见,都在向整个企业传达着强烈的信息,即企业高层决定实施以可展示、可用数据证实的客户价值为基础的业务模式。

　　实耐格的企业文化向每一位销售人员强调了价值在企业总体市场战略中的重要性。销售代表从加入实耐格公司第一天起,就了解到实耐格产品通常比竞品贵。但他们很快也会发现,实耐格业务蓬勃发展,因为公司通过先进的产品技术和出色的售后服务为客户实现了价值。因此,销售人员不难看出,如果他们想在实耐格获得成功,就必须销售价值,而不是价格。而且,实耐格的"价值故事"通过公司年报、小册子、新闻通讯、销售会议对案例历史记录的回顾以及销售工具等渠道,不断得以强化。

　　例如,GE基础设施集团水处理及工艺过程处理公司(W&PT)的品牌口号是"讲证据,而非空口无凭",以此强调把公司向客户提供的解决方案的结果备案的重要性。这个口号是什么意思呢?根据公司网站的解释,这个口号是指公司承诺衡量为客户实现的成本节约或业绩提升的成果,它设定了一个客户可以信赖的质量与责任标准,并用事实证明客户的赢利目标是可以实现的。

　　同样承诺把为客户所实现的价值进行备案的瑞典公司SKF,是全球领先的轴承制造商。SKF解决方案备案系统的标语是:"实实在在的成本节约——我们可以证明给您看!"图1-1体现了SKF的客户价值

图 1 - 1

SKF 解决方案备案系统广告

图 1 - 1 （续图）

SKF 解决方案备案系统描述

资料来源：Provided courtesy of SKF USA Inc. Used with permission.

管理方法。

当然,实耐格、GE 基础设施集团水处理及工艺过程处理公司、SKF 以及本书提到的其他模范企业实施客户价值管理模式并非一蹴而就。它们在高层坚定不移的领导与表率作用下,从一点一滴做起,不断积累经验、吸取教训,走了很长的路。我们发现,虽然所有人最近都在谈论业务市场价值论,但真正能够在企业中落实价值管理的领导人仅为少数。事实上,只有极少数供应商曾经通过系统研究来了解他们的产品或服务为客户实现的价值。大多数供应商虽然口头谈论价值,但仍然在商品化的压力下苦苦挣扎,一次又一次屈服于价格砍刀之下。通过采用客户价值管理,作为业务开展模式,供应商可以展示并用数据证实其产品或服务所能实现的价值,帮助客户,也帮助自己,把灰钱转化为绿钱。

本书简介:通向丰厚利润之路

本书旨在把企业,尤其是企业的销售团队转化为价值贩卖商,以展示并用数据证实以优势价值为基础来开展业务的确非常少见,但可以推而广之。我们坚信,价值贩卖商在遇到集成电路销售人员所面临的挑战面前,可以凭借本书阐述的客户价值管理模式来占得上风。具体来说,本书读者将会了解到:

- 如何评估实际的客户价值
- 如何建立与目标客户产生共鸣的价值取向
- 如何积极实施客户价值管理,取得丰厚利润

读者在理解客户价值管理模式的基础上,可以模仿书中所提及的模范企业,在所在公司实施,推动业绩节节攀升。图 1-2 大致描述了

包括客户价值管理模式在内的流程。该图各流程步骤的顺序即本书各章的编排顺序。后面各章会分别讲述客户价值管理模式的各个组成部分。

图 1 - 2　客户价值管理流程

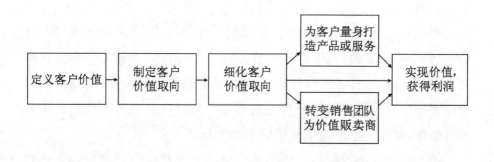

　　第二章将重点阐述价值的定义和客户价值管理模式的基础模块,并解答下列问题:"价值"在业务市场上具体指什么？如何确立相对略逊一筹的竞争对手的区隔点、同位点（point of parity）和竞争点（point of contention）。供应商在业务市场上使用的三种客户价值取向是什么？为什么与客户产生共鸣的价值取向胜过其他两类？

　　第三章讲述企业制定价值取向的流程。首先分析客户最看重的供应商产品或服务相对略逊一筹的竞争对手的潜在变化。这是形成客户价值取向的基础。然后通过定性研究提炼客户价值取向。最后,应用文字价值方程式,捕捉客户容易理解的区隔点。

　　第四章讲述供应商向客户详细推介价值取向且令客户信服的方法。客户价值评估中获取的数据赋予文字价值方程式生命。然后,用文字价值方程式建立价值计算器,向客户展示产品或服务价值。最后,由价值案例历史记录以及价值记录器向客户证明,他们的确实现了供应商承诺的价值。

第五章讲述如何在对客户价值深刻理解的基础上,有针对性地打造产品或服务。供应商完全可以提供灵活的产品或服务,而不是盲目采用vinilla approach,向所有客户提供千篇一律的产品或服务。这样一来,供应商可以通过服务分级,更有针对性地开展业务,并在客户区分的基础上获利。

第六章向供应商提出挑战,如何使其销售人员转变价格销售的观念,成为价值贩卖商。虽然,将销售人员奖金与价值销售及利润挂钩至关重要。然而,这样是不够的。企业必须培养价值贩卖商,确保价值销售流程和以价值为基础的销售工具到位。同时确保销售人员始终进行价值销售,灌输并不断强化价值贩卖商文化。

第七章讲述企业如何凭借为客户提供的优势价值获得利润。价格贴水自然是首选,但除此之外还有另外三种手段,帮助供应商获得与客户价值相当的公平回报。然而,获得公平回报要求供应商在定价管理时,假设它是赢利能力的基础和前提!为此,我们分别在战略、战术和交易层面上,提供了一种以价值为基础的定价方法。

第八章我们向业务市场发出挑战,成功势在必得。本章探讨客户价值管理在帮助企业走向成功的过程中可以发挥何种作用,进一步提供真实案例证明其价值所在。同时阐述了企业如何开始实施客户价值管理模式,成为价值贩卖商。最后,探讨了已经成为价值贩卖商的企业如何持续为客户提供优势价值并从中获利。

本书介绍的客户价值管理模式集中了最前沿的思维,被来自各企业、行业及国家的最佳实践所证实。而且多年以来,在多家公司得到了验证。供应商只要严格遵循这一模式,就会在展示并用数据证实自身产品或服务的优势价值的基础上,获得梦寐以求的辉煌业绩。

第二章 价值定义

关 注 重 点

近年来,"价值"和"价值取向"已经成为业务市场上使用极为广泛的两个词汇。尽管这两个词汇是客户价值管理模式的基础,但我们研究发现,虽然它们越来越成为人们的口头禅,却在以下三个方面缺乏准确的阐释,且人们对其含义各持己见:1)价值究竟是什么? 2)客户价值取向的构成? 3)是什么使得客户价值取向具有说服力。

不仅如此,我们还发现,供应商在业务市场上建立并实施的大多数价值取向都没有体现出其产品或服务能够为客户带来的优势价值。正因为不知如何具体阐释其产品或服务相对竞争对手能够为客户带来的优势价值并让客户信服,供应商发现,承受时间和业绩双重压力的客户方经理一味讨价还价,对其价值取向根本不买账。

在业务市场上,客户价值究竟指什么? 产品或服务可能包含许多价值元素。那么,如何通过识别自身产品或服务相对竞品的异化点、同化点和争论点,帮助企业集中精力解决相对更加棘手的问题呢? 实践中的三大类价值取向是什么? 哪一类价值取向是供应商的首选? 这些问题下文会逐一解答——牢牢掌握这些概念,可以使客户不再单纯注重价格,而是将视线转向可展示、可用数据证实的优势价值。

第二章

业务市场上的客户价值定义

"业务市场上的客户价值"具体指什么？首先，我们将一起回顾其他人对客户价值的定义，并从中选择一个最佳版本。然后介绍准确表达客户价值与价格之间关系的基本价值方程式。最后，我们将探讨客户对价值的理解和认识。

定义业务市场上的客户价值

客户价值的定义五花八门，体现了概念背后的逻辑差别以及含义上的差异，也指出了实际客户价值评估的难度。[1]

布拉德利·盖尔（Bradley Gale）把客户价值定义为"影响产品相对价格的市场感知质量"。也许由于对定价的独特兴趣，罗伯特·多兰（Robert Dolan）和赫曼·西蒙（Hermann Simon）认为，"感知价值就是客户愿意支付的最高价格"。而在杰拉德·史密斯（Gerald Smith）看来，"价值是客户相对于支付价格所获得的利益点"。托马斯·内格尔（Thomas Nagle）与瑞德·霍尔登（Reed Holden）称："一般来说，价值指客户从产品中所获得的总体成本节约或满意度。"[2]

那么，什么是客户价值？调整后的市场感知质量、最大价格、相对价格的产品利益、总体成本节约，还是满意度？任何一种理解都会让我们形成完全不同的价值概念。既然客户总喜欢低价，那么客户价值究竟是最高价格，还是客户满意度——这两者完全南辕北辙。上述价值定义的创立者并未对定义做详细解释，也未阐述定义背后的概念逻辑。

关于客户价值定义，还存在另外一个尚未澄清的问题，即价值的不同组成部分如何有机结合在一起。我们不妨回过头去考虑一下史密斯价值定义中提到的利益点。具体来说，假设二氧化钛（涂层中含有的一种化学颜料,具有增白、提亮、提升质感的作用)具备两个利益点。每一个利益点相对以往的行业标准都是一种改进。首先,二氧化钛大大节省了考雷司铜铝合金高速分散器的分散作业时间——原来需要 30 分钟才能达到赫格曼细度七级,现在只需要 10 分钟。第二个利益点是光泽度从 78° 提升到 86.60°。至于客户经理如何将赫格曼细度单位与 60°光泽度单位相结合,我们完全不得而知。这种做法在业务市场上司空见惯,即用精确的科学、工程以及成本会计术语来表达利益点,即性能的改进。

我们发现,客户价值定义包含几个元素:利益点、以金额来表示的利益点、成本、以货币金额来表示的成本以及价格。其中缺乏的是对不同度量衡单位之间公度性的考虑,而公度性恰恰是形成客户价值定义的根本。正如小学生学习分数相加,必须首选计算出公分母,然后才能得出答案。客户价值的概念化与此同理。然而在上述五个元素中,只有三个具备直接公度性:即以金额来表示的利益点、以金额来表示的成本和价格。

定义客户价值,指导价值评估

客户价值管理强调客户价值评估的实际应用,因此要求客户价值定义合理、容易理解,且容易掌握。首先,我们对客户价值定义如下:业务市场上的价值是指,客户方通过支付某一产品或服务的价格,从而获得的技术、经济、服务及社会利益所体现的货币金额。[3] 下面我们将对该定义的某些层面进行详细阐述。

首先,我们用货币金额来表示价值,如每套几美元、每升几欧元,或者每小时几元人民币。经济学家也许会关注"单位效用",但据我们所知,企业管理人员的关注点并不在此!

第二,从概念层面上,我们完全可以把任何产品或服务表示为客户获取的一系列技术、经济、服务或社会利益。所谓"利益",指的是净利益,不包括客户为获取渴望得到的利益所付出的除购买价格以外的任何成本。

第三,价值是客户方支付价格而获得的东西。价格的高低不会改变某种产品或服务为客户实现的价值,只会影响客户的购买意愿。因此我们认为,从概念上讲,任何一种产品或服务均具备两个基本特点:价值和价格。将价格排除在客户价值以外,是我们的价值定义与其他理论之间最关键的差异。在我们看来,把价格看做价值的一部分,会导致严重的概念混淆。如果把价格看做价值的一部分,那就意味着大幅降价即可大大提升产品或服务的价值。然而,这与大多数供应商在考虑提升客户价值时所想的完全背道而驰,与市场上货币(即价格)与货物相互交换的根本概念也存在冲突。[4]

最后,我们认为,业务市场上的客户价值,是客户对某产品或服务相对略逊一筹的竞品价值进行评估的一个相对概念。市场上总会存在另外一个选择。这个选择可能是:

1. 竞争对手为满足客户要求与偏好,利用可比或替代技术生产的产品或服务。这种情况在业务市场上最为常见。

2. 客户决定外包给外部供应商,或者自行研制某种产品或服务。例如,某公司将 IT 操作系统的一部分外包给一家印度供应商。

3. 维持现状(即暂时什么都不买)。例如,有些公司决定扩大生产范围,或采购管理咨询服务。

4. 同一家供应商提供的最新产品或服务。例如,说服客户把 Windows NT/2000 服务器升级至 Windows XP 服务器曾经是微软面临极大挑战,毕竟相当一部分客户对 NT/2000 服务器依然非常满意。

基本价值等式

以下根本价值方程式抓住了我们的价值定义所传达的概念精髓：

$$（价值_f - 价格_f）＞（价值_a - 价格_a）\qquad （方程式\ 2-1）$$

在上述方程式中，价值$_f$和价格$_f$分别指某企业产品或服务的价值和价格，而价值$_a$和价格$_a$分别指比该企业略逊一筹的竞争对手的产品或服务价值和价格。这一根本价值方程式用相减的公式把价值和价格联系在一起，比感兴趣的读者在附件 A 中所看到的比率公式更加有效。

我们在价值定义中并未限定具体的视角，比如从客户公司的视角，因为我们把业务市场上的价值看做类似于市场份额的一个概念。因为它是一个概念，所以在实践中，我们只能对价值进行估计，正如我们可以估算市场份额。例如，供应商可能会高估产品或服务为客户带来的价值，而客户可能会低估这一价值。对于客户方从某产品或服务中获得的技术、经济、服务和社会利益，以及具体利益对客户意味着多少货币价值，供应商和客户的看法也许存在很大差别。

价值变化的产生有两种根本方式。一种是某产品或服务的功能和性能保持不变，但客户的成本发生了变化。注意，这一成本是不考虑价格的。因此，技术、服务和社会利益保持不变，而经济利益改变了。例如，一种产品和另外一种产品性能指标完全相同，但前者的转换成本低于后者，那么前者则具备更高价值。

价值发生变化的另外一种方式是，产品或服务的功能或性能改变，而成本（价格也不是该成本的一部分）不变。例如，某零部件升级后，延长了客户的产品使用寿命，而其采购及转换成本并没有发生变化。

即使某产品的功能或性能有所降低，也许依然可以达到甚至超过客户的最低要求。产品只是在某些客户要求方面有了改进，并非全部客户要求。超过客户最低要求依然持续为客户带来利益,只是客户的接受意愿略有降低。例如,降低塑料树脂的熔点,但熔点依然在指定温度要求之上,塑料树脂供应商依然可以为客户节约能源成本,缩短把树脂转化为模塑零件的时间。

我们所定义的价值是:客户方支付产品或服务价格,从而获得的以金额来表示的价值。由于业务市场上自行生产与外部采购两种选择的存在,供应商所提供的价值必须高于支付价格。而价值与价格之间的差,就是客户的购买意愿。记住,在这一价值概念中,价格的高低不会改变产品或服务为客户方带来的价值,只会影响客户对该产品或服务的购买意愿。

对价值的准确评估是供应商为目标市场细分及目标客户创造并实现价值的坚实基础。而意识到某产品或服务的价值随市场细分和客户特点的不同而有所差异也是至关重要的。采用客户价值管理模式的供应商,需致力于理解并有效利用这种差异。

客户对价值的认识

客户方经理在采购产品或服务时,必须明确哪些供应商的产品或服务符合己方要求与偏好。如果符合要求的供应商超过一家,客户方经理则必须确定哪一家供应商可以为己方实现价值最大化。在许多情况下,客户方经理只是凭直觉做出决策,选择他们感觉最好(或价格最低)的供应商,很少认真考虑每个人口中的"价值"到底指什么,如何用货币金额去衡量。例如,客户方经理可能认为,在采购即时贴之前做正式的价值评估不值得,因此尽管 3M 品牌的价格比知名度小的品牌或一般性品牌略贵些,还是最终选择了 3M 即时贴。

还有些情况下,客户方经理认为,有必要在采购前进行正式的价值评估 或者"价值分析",以便做出明智的决策。其实,精明的供应商会主

图 2 - 1 固安捷广告:购置成本高于价格

资料来源:W. W. Grainger,Inc. Used with permission.

动协助客户方经理进行价值评估,甚至提供己方的内部价值评估结果以供客户参考。客户价值管理模式所强调的恰恰就是价值的确切定义与实际价值评估的情况。[5]

客户公司通常对供应商产品或服务的实际价值缺乏准确了解。他们也许深知自身要求,但不一定知道达到这些要求对他们意味着多大价值,达到这些要求的不同方法会对其成本造成何种影响,以及这些要求的任何变化对他们意味着多大价值。例如,固安捷(Grainger)告诉客户,购置成本常常超过产品价格,尤其在维修、保养及所需物料方面。图2-1展示的固安捷广告就是很好的证明。

异化点、同化点与争论点

虽然某供应商的产品或服务可以通过多种方式为客户实现成本节约或收入及利润增值,但略逊一筹的竞争对手或许也可以做到。因此,虽然业务市场上某些产品或服务可能具备技术、经济、服务或社会利益点,从而为客户实现价值,但我们必须认识到,压倒一切的首要差别在于:这些价值元素与略逊一筹的其他供应商相比如何? 比较结果可分为以下三类:

1. 同化点:与略逊一筹的竞品的对应价值元素在性能或功能上基本相同的那部分价值元素
2. 异化点:产品或服务优于或劣于略逊一筹的竞品的那部分价值元素
3. 争论点:供应商与客户对于前者产品的性能或功能相对略逊一筹的竞品的优劣持不同意见的那部分价值元素

争论点的出现有以下两种情况：供应商把某价值元素看成对自己有利的一个异化点，而客户认为，这相对于略逊一筹的其他供应商，只是一个同化点；或者，供应商认为是异化点的价值元素，在客户看来却是对其他供应商有利的异化点。

为避免钻牛角尖，我们认为，事实不具备多面性。我们相信事实只有一个，只是供应商和客户的视角不同。然而，争论点的存在绝非坏事，相反恰恰推动供应商和客户共同通过相关数据收集与分析，消除观点上的分歧。[6]

三大类客户价值取向

异化点、同化点和争论点是供应商制定客户价值取向的基础。当供应商经理使用"客户价值取向"这个词汇时，他们所指的具体意思是什么？和其他人对这个词汇的理解相同吗？我们研究发现，经理们对"客户价值取向"[7]这一概念的理解可谓千差万别。

我们研究发现，经理们使用"客户价值取向"这一概念的方式可以分为三大类。表2-1列出了这三大类客户价值取向，并对区分三大类客户价值取向的四个根本问题做出了解答：

1. 价值取向包括哪些内容？
2. 供应商试图用价值取向的概念回答怎样的客户问题？
3. 供应商建立客户价值取向并确保其销售团队实现该价值取向的前提是什么？
4. 客户价值取向的潜在风险是什么？

表 2-1　业务市场上的价值取向：哪一种价值取向可以实现价值？

	所有利益点	有利异化点	与客户产生共鸣的关注点
价值取向包括：	客户从一种产品或服务中获得的所有利益点	某产品或服务相对略逊一筹的产品或服务所具备的所有有利异化点	在可以预见的未来，实现最大客户价值的一个或两个异化点（也可能是同化点）
价值取向所回答的客户问题：	"我们公司为什么要买你们的产品或服务？"	"我们公司为什么应该选择购买你们的产品或服务，而不是竞争对手的产品或服务？"	"我们公司关注你们的产品或服务，最有价值的地方在哪里？"
价值取向要求：	了解自身的产品或服务	了解自身的产品或服务，以及略逊一筹的对手的产品或服务	了解自身产品或服务，相对于略逊一筹的竞争对手，如何为客户实现优势价值
价值取向的潜在陷阱：	主观利益点	假定价值	要求进行客户价值研究

所有利益点

"所有利益点"客户价值取向是供应商经理对这个词汇最普遍的理解。为什么？因为这种价值取向对于客户及竞争对手信息掌握的要求最低，因此是供应商经理最容易建立和实现的。他们只需列出自身产品或服务可能为目标客户带来的所有潜在利益点即可。列出的利益点越多越好。

然而,单纯列出所有利益点的做法可能导致主观利益点的产生,即声称自身产品或服务与众不同,而这种不同其实无法为目标客户带来利益。我们来看下面这个案例:一家气相色谱仪增值经销商习惯将高性能的气相色谱仪产品出售给比利时、荷兰和卢森堡的大公司、大学和政府机构的研发实验室。某型号色谱仪的一大特点是,这种色谱仪装有一个专利技术注射系统,可避免高温蒸发,从而消除热损耗,强化实验鉴别力。而且,这种色谱仪允许使用挥发溶剂,有利于研发实验室客户确保样品完整性。为增加销量,公司开始向新的市场细分(应用领域)——合同实验室,推广这类色谱仪最基本的型号。

在与潜在合同实验室客户的初步接洽会上,公司销售人员对这种色谱仪的注射系统及其保证样品完整性的特点大肆吹捧。而潜在客户对此却不以为然,他们反驳道,他们只做土壤和水样的常规环保合规测试,样品完整性对他们来说根本不是问题,室温样品注射已经足以满足他们的要求。于是,供应商铩羽而归,被迫对价值取向进行重新定位。

所有利益点价值取向的另外一个陷阱是,许多甚至大多数利益点可能都是与略逊一筹的竞争对手的同化点,从而弱化了为数不多的几个真实异化点。某国际工程咨询公司参加某轻轨工程竞标,在潜在市政客户评标会上,用最后一张表列出了市政府应当向其发标的十大原因。而其他两家进入最后竞标阶段的公司所列出的大多数优势和这家公司相比没有区别,因为它们都是同化点。假设你就是潜在客户,看到所有竞标者在竞标报告的最后阶段纷纷给出应当中标的十大原因,而这些原因大致相同。你如何打破这一僵局?让每家竞标者"削尖铅笔",给出最终底价,然后选择价格最低的竞标者中标?这样一来,竞标者之间存在的真正不同点就被大量相同点掩盖了。

有利异化点

第二种客户价格取向——有利异化点清晰地说明了，客户有另外一个选择。一家领先工业煤气供应商最近的经验有力地证实了这种不同点的存在。该工业煤气供应商应客户要求提交一份标书，为其主要业务提供工业煤气。客户将选出标书中所述价值取向最具说服力的两家或三家供应商，邀请他们面谈，商讨如何完善他们的标书。然后，客户会从中选择一家供应商中标。

正如该案例所阐述的，"我们公司为什么要买你们的产品或服务，而不是竞争对手的产品或服务"，这个问题比"我们公司为什么要买你们的产品或服务"更加切题。为什么？因为前一个问题把供应商经理的关注力锁定在他们与略逊一筹的竞争对手之间产品或服务的差异上，这需要对双方产品或服务更加细致的掌握。但"有利异化点"价值取向与"所有利益点"价值取向的共同特点是利益点越多越好，因此供应商经理竭尽全力列出所有有利异化点。

然而，供应商了解自身产品或服务相对于略逊一筹的竞争对手具备某一异化点，并不代表客户了解这一异化点可能为其带来的价值。而且，供应商的产品或服务相对于略逊一筹的对手，可能具备多个异化点。在这种情况下，哪个异化点会为目标客户实现最大价值，变得更加错综复杂。供应商如果对客户的要求和偏好以及满足这些要求和偏好所带来的价值缺乏深入而详细的了解，很容易误入歧途，对客户价值相对较小的异化点进行大肆渲染，结果可能掉进"假定价值"的陷阱：假定有利异化点对客户肯定有价值。在第一章开头引用的集成电路供应商案例中，销售人员完全没有必要的价格让步便充分说明了，当供应商销售人员错误地强调实际客户价值很小的有利异化点，会出现怎样的结果。

与客户产生共鸣的关注点

虽然"有利异化点"价值取向优于"所有利益点"价值取向,但我们认为,"与客户产生共鸣的关注点"才是最佳客户价值取向。我们甚至相信"与客户产生共鸣的关注点"这一衡量标准应当成为判断客户价值取向优劣的黄金法则。

商场上,客户方经理承担着越来越重要的责任,时间压力越来越大。因此,他们必须采用简单、具有强大诱惑力的客户价值取向,确保自身产品或服务在客户最重视的价值元素的功能或性能上优于竞争对手。他们还必须展示并用数据证实这种优越性能所带来的价值,同时通过恰当的沟通手段,让客户方经理相信,他们作为供应商对客户的业务考虑及首要任务有着深刻理解。"与客户产生共鸣的关注点"客户价值取向包括一个或两个能够实现最大客户价值的异化点,也许还包括一个同化点。

这一价值取向与"有利异化点"客户价值取向存在两大差别。首先,异化点并非越多越好。某供应商产品或服务相对于略逊一筹的竞争对手,也许拥有更多有利异化点,但"与客户产生共鸣的关注点"价值取向始终把目光集中在能够为目标客户带来最大价值的那一两个异化点或其改进上。为更好利用有限资源,有些供应商甚至主动放弃客户最不重视的有利异化点,将其拱手让给略逊一筹的竞争对手,从而集中资源,持续改进客户最关注的一两个异化点。

另外,"与客户产生共鸣的关注点"价值取向,在以下两种情况下,也许包含一个同化点。一种是,这一同化点对目标客户是必需的;第二种是争论点出现的情况:某供应商相对略逊一筹的竞争对手的产品或服务一直被认为更加出色,然而研究显示事实并非如此,最终结果是该供应商胜出。

让我们通过几个例子说明"与客户产生共鸣的关注点"价值取向的实际意义。实耐格曾向某欧洲大客户(一家包装消费产品制造商)提议,重新设计其中一种生产线的包装。实耐格相信,包装升级会为客户带来利润增值,而且作为首创者,其创新精神也会使实耐格公司的声誉得以加强。虽然升级包装相对略逊一筹的竞争对手,具备六大有利异化点,但实耐格只选择了其中一个同化点及两个异化点,建立起与客户产生共鸣关注点的价值取向。

实耐格的客户价值取向是升级包装价格不变,但高速封口技术大大提高了客户罐装生产线的生产效率,且包装外观对消费者更具独特吸引力。

实耐格选择在价值取向中加入一个同化点,是因为如果新包装价格高,客户根本不会考虑进行包装的重新设计。第一个异化点为客户实现了成本节约——以往生产高峰期,工人需要三班倒,连续工作七天,而现在只需两班倒,连续工作五天。第二个异化点为客户创造了优势,提升了客户的销售收入和利润。在说服客户进行包装升级的过程中,实耐格并未忽略其他有利异化点,但着重强调的是上述对客户最有价值的同化点和两个异化点,从而使该价值取向的关注点与客户产生共鸣。

把客户原以为是对其他供应商有利的异化点当作同化点来强调,是创建"共鸣关注点"价值取向的根本。以鹰图公司(Intergraph)为例,这家公司为福陆(Fluor)、柏克德(Bechtel)等工程、采购与建筑公司提供工程设计软件,为来自石化、医药及能源行业的客户设计、制定并运作工程流程。鹰图公司在其 SmartPlant 工程解决方案中采用了一种名为SmartPlant P&ID 的软件产品,帮助客户确定正在设计中的工程流程(即阀门、泵及管道铺设),并绘制管道、仪器图纸(P&ID)。鹰图为Sm-artPlant P&ID 软件产品所建立的共鸣关注点价值取向包括以下一个同化点和三个异化点:

- 使用该软件,客户绘制 P&ID 图纸(即图和报告)的速度与略逊一筹的竞品软件一样快,甚至更快。
- SmartPlant P&ID 会在设计流程的每一阶段,为客户校验与工厂资产和流程有关的所有上游和下游数据,即采用普遍接受的工程设计方法以及为客户,甚至为具体项目或流程量身打造的规则,帮助客户避免代价高昂的错误,如重复设计,甚至设备采购失误。
- SmartPlant 与流程模拟、仪器安装设计等上、下游任务融为一体,因此无须重复输入数据(降低了错误概率)。
- 客户可以通过 SmartPlant 连接至远程办公室,执行项目,并把各模块并入一个综合可交付数据库,交付给客户,即工厂所有人手中。

　　鹰图发现有必要把一个同化点放进价值取向中,因为部分潜在客户错误地认为,SmartPlant 软件的绘图功能相比略逊一筹的竞争对手有所欠缺。这种主观推断有时的确存在,因为比鹰图略逊一筹的竞争对手采用的计算机辅助设计平台,而 SmartPlant 的软件平台为相关数据库。为消除这种错误的看法,鹰图从参考客户处搜集数据,证实了这一争论点其实只是一个同化点。

　　共鸣关注点价值取向的潜在陷阱在于客户价值研究方面。我们发现,大多数供应商虽然常常谈及这个话题,但从未系统地开展过客户价值研究。客户价值研究并不容易,它需要公司投入时间、精力、耐力和一定的创造力。但不做客户价值研究对供应商来说可能是更大的陷阱。第四章将通过某领先树脂供应商的案例充分说明这一点。

客户价值取向与卓越业绩

　　建立与客户产生共鸣的价值取向,并通过客户价值研究将其细化是供应商取得辉煌业绩的有效途径。我们还是让证据来说话,鹰图年销售收入增长率为 35%,而行业平均年销售收入增长率仅为 10%～12%。在强调利润增长的今天,鹰图利润率为 26%,而行业平均值仅为 14%～16%。

然而,有些经理认为,价值取向仅仅是市场部开展广告投放、行业展览会的展台布置等业务市场沟通工作的基础。我们认为,这种看法目光短浅,而且忽略了价值取向对业绩的潜在贡献。恰当的客户价值取向迫使企业始终关注目标客户的需求和偏好,以及满足这些需求和偏好所实现的货币价值。让流程中所有相关部门经理都参与或者是部分参与到价值取向的制定与评估中来,才会逐渐对供应商在业务市场上的奋斗目标形成共识。

从这个方面看,价值取向可以作为企业在实现既定市场战略之路上的灯塔和试金石,尤其可以用来回答下面这个问题:"我们想达到什么目标?"价值取向为供应商擦亮眼睛,看清楚哪些企业应当作为重点客户,希望突出自身产品或服务的哪些方面,以及对客户做出何种价值承诺。供应商团队中的每一位成员都需要对这些问题有深刻的了解和认识。

然而,有些人对价值取向所定位的大方向和关注点不以为然。例如,有人也许故意避开价值取向,或者制定模棱两可的价值取向,因为他们担心客户发现,供应商并未将其列为目标客户。这类供应商希望客户及其销售团队相信,所有客户的潜在价值都是相等的!这种做法不仅让销售团队分身乏术,导致士气低落,而且如果客户发现所购买的产品或服务无法满足其要求,所产生的负面影响便更加深远了。

一种产品或服务的共鸣关注点价值取向可以作为业务市场上品牌建设的基石。即使不乏包含正面价值的异化点、争论点,我们仍然建议供应商选择其中可能产生最大客户价值的一点或两点,放入共鸣关注点价值取向中加以强调和突出。那么此时,相应的品牌建设只需集中资源,改进这些价值元素的功能与性能,利用客户价值管理模式展示并用数据证明上述改进带来的业务成就,然后以极富说服力的方式将这些业务成就传达给目标客户。

久而久之,客户价值取向可以作为一种参考标准,成为产品或服务改进决策的基础,即衡量某种产品改进是否恰当,是否强化了产品特色,还是不知不觉转变了产品特色?也许两种结果都是好的,但积极的产品改进管理可以帮助企业避免模糊不清的市场定位。因此,任何一个业务单元的总经理都应该排除各种干扰,以价值取向指导产品改进的决策。在这一过程中,他需要集中有限资源,提升产品或服务中目标客户最关注的价值元素,这部分价值元素才是客户心甘情愿回报供应商的基础。

第三章　制定客户价值取向

发现有价值的潜在异化点

我们在前一章强调了,供应商为取得卓越的业绩表现,必须建立与客户能产生共鸣关注点的价值取向,这一点至关重要。本章将详细描述制定这类客户价值取向的过程。首先,供应商需要以假定目前或将来对目标客户产生价值的异化点作为研究对象。然后通过定性研究进一步完善潜在的价值取向。最后,供应商创建文字方程式,精确表示出每一个异化点和争论点,并在随后的客户价值研究中进行验证。

假定有价值的现有或潜在异化点

供应商对于自身产品或服务相对于略逊一筹的竞品如何为客户实现价值并非十分了解。虽然有些供应商不免对此深思熟虑,但大多数供应商对自身产品或服务的优势价值仅限于粗略而支离破碎的了解。因此,为明确潜在价值异化点,供应商首先要做的就是为其目标市场所需的产品或服务收集相关信息和数据。结果也许是供应商发现了自身产品相对略逊一筹的竞品存在的优势异化点(或劣势异化点);也许供应商发现自身产品相对于略逊一筹的竞品并不存在可辨别的异化点,即与竞品雷同。鉴于客户价值研究过程潜藏着丰富的学习机会,因此无论出现上述哪种情况,我们都建议供应商锁定某些有前景的价值异化点作为研究对象。所谓异化点可以是供应商近期计划对产品或服务的改进,例如引入某种产品的增值服务或新增补充服务;也可以是供应商认为会给目标客户带来巨大价值的某些潜在变革。一旦认定价值的存在,供应商会选择合理的时间,投入合理资源来实现这些变革。

确定目前可能有价值的异化点

为明确对目标客户可能有价值的异化点,供应商团队(由来自各部门、熟悉产品和目标客户的人员组成)需要列出目标市场产品或服务的价值元素,了解哪家竞争对手是客户眼中的第二选择,然后对比第二选择评估自身产品或服务。

列出价值元素。业务市场上的产品或服务可能包含许多价值元素。因此,供应商团队最好在选择目标市场细分之后迅速列出这些元素(切记客户价值取向因市场细分的不同而有所差异)。供应商团队首先要列出核心产品或服务的价值元素,然后是伴随核心产品或服务的增值服务、项目和系统。他们往往觉得做到这一点易如反掌。团队也可以选择从目标客户获得的技术、经济、服务和社会效益角度入手,列出产品或服务的价值元素,但供应商认为这种方式难度较大。

供应商团队所列出的价值元素必须全面而详尽,这一点是最基本的。任何价值元素的遗漏,尤其是自身产品服务相对客户第二选择所存在的不利因素的遗漏,一旦被客户发现,供应商不仅前功尽弃,也会导致企业信誉受损。通过全面梳理价值元素,供应商可以更加准确地衡量自身产品在功能及性能上的差距。例如,"提供技术服务",这种说法过于宽泛和笼统,至于这种价值元素具体如何降低客户的成本、为什么相比客户第二选择产品更具优势价值,供应商只知其一,不知其二。而"客户样品检测"、"现场设备调试"等作为"提供技术服务"的具体方式则不同。而且,在随后的客户价值研究中,客户经理往往发现回答笼统的问题会更容易些,例如,客户工厂因停工而发生的费用。但是,他们在回答问题时经常忽略停工对客户业务进程(如维护费用、处理费用等)的影响,从而导致价值估算无效。

明确客户的第二选择。列出所有价值元素之后,供应商下一步要明确目标客户心目中的第二选择产品是什么。大多数情况下,第二选择产品是大多数客户所认为的供应商主要竞争对手的产品。然而,正如前一章所讲,第二选择产品也可能是自己公司以往的产品。

供应商通常选择一种与自身产品相当的竞品作为客户第二选择,只有当各国市场第二选择产品各具特色时才可能同时选择两个。例如,德国某医疗诊断仪器供应商会在选择国内竞品作为客户第二选择的同时,在德国以外的其他欧洲国家市场再确定另外一个第二选择产品。在这种情况下,供应商公司会重新研究价值元素列表,并在进行比较时把另外一个第二选择产品也考虑在内。

比较自身产品或服务与第二选择产品或服务。供应商竭尽所能为客户提供各种服务的同时,其竞争对手绝对不可能无动于衷、坐以待毙。为集中精力开展后续的客户价值研究并对其进行控制,我们对第二章提出的基本价值方程式做出了调整:

$$（价值_f - 价格_f）>（价值_a - 价格_a） \qquad （方程式\ 3-1）$$

$$（价值_f - 价值_a）>（价格_f - 价格_a） \qquad （方程式\ 3-2）$$

$$\triangle 价值_{f,a} >（价格_f - 价格_a） \qquad （方程式\ 3-3）$$

其中:

价值$_f$ = 供应商产品/服务的价值 （产品/服务$_f$）

价格$_f$ = 供应商产品/服务的价格 （产品/服务$_f$）

价值$_a$ = 第二选择供应商产品/服务的价值 （产品/服务$_a$）

价格$_a$ = 第二选择供应商产品/服务的价格 （产品/服务$_a$）

△ 表示产品/服务$_f$和产品/服务$_a$在价值上的差别

　　通过上述方程式不难看出，每种产品/服务的价值是多少并不重要，关键是两种产品/服务之间价值与价格的相对差异。在重新研究价值元素列表时，供应商团队可以通过对两种产品/服务差别的比较，确定自身产品/服务在功能和性能上与第二选择相似或不同。我们希望供应商团队做出坦率而真实的评判。

　　建议供应商团队对每一个细小而具体的价值元素进行逐一研究和分析，这样有利于发现微妙的差异，这类差异稍有不慎就会从人们的眼皮底下溜走。如果把"技术服务"看做一个价值元素，那将是一个过于宽泛的异化点，因为几乎每家公司都提供技术服务。因此我们建议将其细化，列出几个与技术服务相关的问题来分析差别。例如，与竞争对手相比，供应商答复客户询问是否及时？单次电话解决问题成功率？24小时内为客户提供满意答复的成功率？

　　诚实的团队会将冗长的价值元素列表化繁为简，只留下反映两种产品或服务差异的那部分价值元素。绝大多数差异对自身产品或服务是有利的，但也存在有利于第二选择产品或服务的差异。供应商团队眼中某些有利异化点其实并不存在。他们往往能够正确判断出在接下来的客户价值研究中得到的正面评价的异化点，但最终总会发现一两个假定异化点其实只是同化点。在客户价值研究过程中，供应商团队会邀请客户共同分享他们对于异化点和同化点的看法。这一方式往往会出现争论点——供应商与客户对某些同化点或异化点持不同看法。

发现有利变革　创造优势价值

供应商可以通过客户价值研究,探索潜在的产品或服务改进机会,提高相对于第二选择供应商的优势价值。客户价值研究能为供应商和客户双方带来新的认知和启发,使得产品或服务的改进在短期内实现更大的市场价值增值,也为供应商资源分配提供了正确的指导。

然而,哪些潜在变革值得研究分析往往搞得供应商焦头烂额。容易想到的产品或服务变革通常是对现状简单而缺乏创意的线性扩展。这种扩展或许能够呈现出某些有价值的变化,但我们鼓励供应商突破思维局限,挖掘富有挑战性的、极具创意的潜在变革。

要做到这一点,我们建议供应商考虑一下由 W. 钱·金(W. Chan Kim)和勒妮·莫博涅(Renée Mauborgne)教授提出的极具创新精神的系列问题。具体来说就是供应商经理、销售人员以及现场技术服务代表可能会被问到的、关于当前产品或服务或现有客户价值取向的四个问题:

1. 降低:哪些价值元素应降低至行业标准以下?
2. 提高:哪些价值元素应大幅提高至行业标准以上?
3. 取消:哪些行业默认的价值元素应予以取消?
4. 创造:哪些行业一贯缺失的价值元素应当得以创建?[1]

举一个降低价值元素的例子,美可(Medco)保健公司代表其企业客户与保健机构,对不同药品及同类药物的效力进行研究。美可可以代表客户选择列入合格药品清单的药品。该清单限制了医生开药的选择范围,从而向病人推荐同等效力而价格低廉的大众药品。

NetJets 是一家提供公司飞机股份所有权的公司,它在价值元素提高方面做出了示范。公司高管可以通过 Net Jets,从全球5 000座机场网络中自由选择点对点直飞航线,这是一般商业航空公司无法做到的。由于这些机场大多是小型地方机场,繁忙的高管可以乘飞机更加容易地起飞或降落,这令商业航空公司望尘莫及。

戴尔(Dell)在取消价值元素方面树立了榜样。按照惯例,客户从零售商处购买电脑可以获得赠品,而客户往往倾向于放弃赠品,换取更多价格优惠。因此,戴尔干脆决定取消赠品的发放。

金融资讯公司布彭博社(Bloomberg)告诉我们如何创造价值元素。为给客户创造价值,彭博社在计算机终端设备上设计了两个平板显示器,使得贸易员能够同时在多个窗口下工作。而且其键盘的多个功能按键具备金融咨询集成分析能力,贸易员只需轻松按键便可完成信息分析。[2]

完善客户价值取向

进行到这里,供应商团队的思考与决策一直以以往企业经验为基础。但企业经验无论多么丰富,始终只代表了公司内部的观点(详见下一章)。因此,在进行更为严格的客户价值评估之前先听取一定的客户反馈会令供应商对接下来的工作更加充满信心。一系列简捷且成本较低的定性研究可以帮助供应商发现其产品/服务中不受客户欢迎的某些功能特性。供应商是这些功能特性方面的专家,肯定有能力进一步改进这些性能。但无论如何,它们可能无法继续产生价值增值,供应商必须正视这一点。商业市场上有两种值得推荐的定性研究方法:专题小组座谈会和客户拜访。

举办专题小组座谈会

专题小组座谈会是一种分组讨论会议,由主持人向所有与会者展示可能推出的产品或产品概念,征求他们的看法与反馈意见。虽然供应商公司对行业顾问或学者的意见也可能感兴趣,但与会者通常是来自被调研产品目标客户公司的资深人士。主持人会请与会者就各种预期的产品革新进行大致权衡,确定他们认为最有价值的变革。分析员则通过这一过程分析得出哪些产品革新最具价值,潜在的进一步产品细分是什么,以及产品异化点——即建立潜在的、与客户产生共鸣的价值取向的基础。

如果可能,我们建议选择客户行业活动,作为召集专题小组座谈会的契机。所谓客户行业活动是指行业大会或产品交易展示会。这样更加方便客户的参与,毕竟这些行业活动,客户们是从不会缺席的,同时降低了组织各类客户参加座谈会的成本。其实,我们更倾向于把"专题小组座谈会"称为"圆桌讨论会",因为后者听起来更有意思,会吸引更多人参与。而且,后者也更好地体现了我们的最终目的,即组织与会人员通过开诚布公地交换意见,明确供应商产品需要进行怎样的变革,方能更好地满足客户的需求与偏好。

体验客户的一天

检验客户价值管理的目的是确定供应商是否在如何获得价值增值或成本节约方面有了新的认识。换言之,参与客户价值研究的供应商和客户,对于供应商的产品或服务能否为客户带来增值或成本节约是否加深了了解?尽管专题小组座谈会是获取客户对特定潜力产品反馈意见的有效方式,但供应商需要事先明确可能的价值来源。如果供应商试图发现新的潜在价值来源,不妨到客户处实地体验一天(day in the life of the customer/DLC)。[3]

艾克西欧斯(Axios Partners)是一家管理咨询合伙公司,主要提供客户价值管理服务,协助客户通过 DLC 研究探索潜在客户价值来源。[4]

在 DLC 研究中,艾克西欧斯强调供应商和客户不同功能部门的经理都要积极参与其中。因为每一个部门的看法各不相同,而这种观点上的分歧很可能带来新的认知和理解。艾克西欧斯还发现,实地观察更加有助于了解客户尚未意识到的价值增值或成本节约机会。DLC 研究的目的不仅仅是发现客户的困扰:供应商团队和参与研究的客户方经理所追求的业务运营模式的改进方法可能是双方之前从未意识到的。我们不妨参考一下艾克西欧斯 DLC 研究的两个最新案例。

某供应商正在研究如何改进子系统设计程序,这些程序一直为该供应商 OEM 客户的行业工程师所使用。该供应商多年来一直出版光盘版配件目录表,但客户工程师认为,尽管光盘目录相比纸目录更新更加及时,但他们从未使用过光盘目录表。工程师更喜欢写在纸上的目录,但原因他们自己也说不清。供应商调研团队拜访客户时才发现设计工程师是如何查找新产品的配件的。他的书架上不仅保存着当前的目录,甚至包括过去两年的目录。目录上布满关于特定零件的注释说明和手写评论。光盘无法向工程师及其同事提供产品的个人跟踪经验。基于这一新发现,供应商设计了在线配件目录表。用户可以上传个人对于特定产品的评论,以备日后回顾与借鉴。这一改进看似不起眼,却帮助工程师更快更准确地选择应用零部件。结果,指定使用该供应商零部件的新客户产品大幅增加。

忆科华(IKOR)是一家向计算机行业提供电力管理与转换解决方案的领先供应商。他们近期对工作间和服务器生产商进行了 DLC 研究,旨在评估刚刚申请专利的创新技术。在 DLC 研究过程中,忆科华研发团队深入探究了新系统架构设计功率的各个方面,发现电子集成系统存在功率方面的问题,这个问题非常重要,却一直被大家所忽略。工作间和服务器系统中的银盒子是完成交直流电初步转换的部件,内部装有散热风扇。供应商团队发现,即使由领先供应商设计的银盒子,在技术上也比当前系统的技术落后了 5 年。而且这种银盒子设计技术局限性大,迫使用户在两难中进行选择,如占地面积和噪音(盒子体积越小,内置风扇功率就必须越强,这样才可以确保散热效果)。忆科华在该研究结果的基础上,对银盒子进行了重新设计,以提高其工作效率、减少热量损失、改善空气流通,并在不影响中央处理器功能的情况下降低风扇转速和噪音。新一代银盒子为忆科华客户开启了计算机配置的新天地,扩展了系统设计的范围,而功率也不再是限制性因素。

创建文字价值方程式

客户价值管理的核心是把客户公司选择某家供应商公司的产品所获得的技术、经济、服务及社会效益用货币表示出来。这一实际操作并不容易,耗费时间、财力,且需要持之以恒,以及一定的创新。但无论如何,如果企业希望成为价值贩卖商,就必须克服这个颇具挑战性的困难。例如:

- 经济效益:如每月提供合并发票,而不是单笔采购发票——必须转化为客户每年因此在单据处理上节约下来的成本。
- 技术效益:如更易脱离应用于塑胶模具的类金刚石镀层,减少了机器堵塞现象,提高了设备运转速度——必须转化为设备正常运行时间的延长与周期运行时间的缩短,进而反映出收入与利润的增加。
- 提供独特服务所产生的效益:如化学品供应商上门回收二手硒鼓——必须转化为客户因无须自行以环保方式处理二手容器而节省下的成本。
- 社会效益:如卡特彼勒(Caterpillar)的强势品牌声誉——必须转

化为卡特彼勒设备相对于小松(Komatsu)所能够享有的更高的转售价格或回购价格,从而降低客户的产品生命周期成本。

遗憾的是,商业市场上的大部分企业更喜欢致力于向客户展示其产品特色和利益点,而不是用货币金额表示这些利益点为客户带来的实际价值。而且,大多数情况下,他们根本不知道如何将自身产品区别于第二选择的独特利益点转化为货币价值。

文字价值方程式是帮助供应商展示并记载其产品相对于第二选择产品的异化点和争论点的工具,便于客户方经理掌握产品的异化点和争论点,理解供应商对他们的评估方式,从而被结果所说服。文字价值方程式提供了一种令人信服的、展示并记载产品利益所带来的实际货币价值的系统方法。

"文字价值方程式"准确利用文字和简单数学符号(例如"+"、"÷"),就某一价值元素,评估某家供应商产品与第二选择产品之间在功能或性能上的区别,并将这些区别用金额表达出来。针对每一个异化点(和争论点)创建相应的方程式。表现为成本节约或利润增加的价值元素,设置在等号左边;导致功能或性能不同点的因素及其价值放在等号右边。此外,每一个方程式附有供应商对价值元素及其货币价值计算方法的假设和说明。

文字价值方程式避免了商业领域中两个无法控制的现象。第一个现象是价值声称——也就是供应商声称他们相对于第二选择产品能够为客户实现成本节约或价值增值,但无法或只能提供极少的具体细节来证明这一点。供应商一次又一次口若悬河,把毫无根据的价值渲染得越来越夸张,简直像钓金鱼的童话故事一样令人难以置信。

第二个无法控制的现象是人们"对于电子数据表格的狂热",即那些热衷于炫耀自己制表技能的、满脑子科技理念的人们所制作的过于复杂、难于理解的电子数据表格。缺乏文字注释的电子数据表格铺天盖地，最后就连表格的创建者也很难说清楚其中数字的意义。

与此形成鲜明对比的是鹰图（Intergraph）和罗克韦尔自动化公司（Rockwell Automation）。它们使用文字价值方程式让客户清楚容易地了解它们的产品相对第二选择产品是如何降低成本或实现增值的，以及需要收集什么样的数据，还有如何结合数据评估价值。为此，鹰图为销售代表开发了一种通过笔记本电脑进行操作的软件工具。弗兰克·卓普（Frank Joop）负责鹰图 SmartPlant 工程设计解决方案的业务开发，他认为潜在客户（几乎全部像他自己一样是工程师）希望看到的是能够准确定义成本节约的方程式。在我们的研究采访中，他曾经提到："作为一个工程师，我想看到的是公式……你们是如何得到这些数字的？"[5]

每一个文字价值方程式均含有团队对于价值元素的前提假设，以及价值金额的计算方式。前提假设是任何客户价值研究所不可或缺的，否则无法完成分析工作。所谓前提假设有可能指供应商产品或服务在特定客户环境下的真实功能或性能，尤其是估算难度大或成本高的方面；也可能指产品性能差异表示为货币价值的衡量方式。

清晰的前提假设至关重要。客户公司一旦发现供应商的前提假设模糊不清，甚至令人质疑，那么整个客户研究的可信度便荡然无存。相反，如果所有前提假设清晰明了，客户企业管理层便可以有针对性地提出异议。如果客户管理层提出异议，精明的供应商通常会与客户分享备选前提假设的逻辑依据。根据客户对于备选前提假设的认同程度，供应商可以予以采纳，或者提议供需双方通过联合客户研究，确立适用于客户特定环境的最佳前提假设。

建立文字价值方程式所需的数据通常从客户的业务运行中获得，由供应商和客户经理共同合作完成。但有时数据也可能来自外部，比如行业协会的研究报告。展示结果时，首先列出文字价值方程式，然后代入具体数据进行计算。所有结果最终汇集在价值总结中,我们将这一价值总结称之为客户价值模型。

罗克韦尔的文字价值方程式

我们不妨参考一下罗克韦尔自动化公司用于计算成本节约的文字价值方程式,客户通过使用罗克韦尔油泵降低了能源消耗,从而节约了成本:

耗能减少

成本节约 = [消耗的千瓦数・每年运行的小时数・每千瓦小时的费用・系统运行的年数]$_{竞争对手解决方案}$ − [消耗的千瓦数・每年运行的小时数・每千瓦小时的费用・系统运行的年数]$_{罗克韦尔解决方案}$

消耗的千瓦数代表耗电量,计算方法为:消耗的千瓦数 = 单位马力・0.746・1/单位效率。单位马力和单位效率是制造商在发动机外壳显著位置标出的行业标准产品规格,0.746是将马力转化为电力单位的标准电工转换系数。

虽然读者也许对于该文字价值方程式的含义依然感到模糊,但它体现了具体行业供需双方赖以沟通产品功能和性能的准确而有效的方式。

屋面系统供应商的文字价值方程式

在诸如屋面系统、管理咨询、商业保险等业务市场上,客户很难将供应权分给两个或多个供应商。在这类市场上,虽然客户可能会考虑其他供应商的另一种产品,但往往倾向于选择单一供应商。正是由于供应商的单一性,客户很难就产品性能进行横向比较。这种情况下,客户期望在以往自身经验的基础上或者参考外部咨询顾问的意见,确立第二选择产品。然而,建立文字价值方程式仍然是值得的,不过在这种情况下,客户要捕捉的是供应商产品的实际性能与预期性能数据之间的比较。

我们不妨一同回顾一下,我们近期与某屋面系统承包商的合作经历。佛罗里达州某屋面系统承包商希望打败竞争对手,赢得果汁工厂厂房屋面翻新工程项目。该承包商——我们暂且称之为 ComRoof——成功赢得了隶属于某大型消费品公司的工厂的生意。近年来随着外包的兴起,该消费品公司将其工厂的主要维修与重建规划、设计和监督外包给了一家工程咨询公司。这家工程咨询公司——我们暂且称之为 Con——依据以往自身经验,估算出果汁生产厂屋面翻新所需时间。

屋面翻新之前,需要首先拆除旧屋顶和绝缘层。在更换旧材料的同时,为维持室内凉爽的温度需要增加制冷费用,这对果汁加工至关重要。ComRoof 凭借更加优质的工程管理和现场监督,相比 Con 可以更加快速地完成屋面翻新。下面的文字价值方程式计算的是额外制冷成本的节约:

额外制冷成本

成本节约 =(估计增加的天数$_{Con}$ − 实际增加的天数$_{ComRoof}$)· 每天增加的制冷耗电成本

其中:

每天增加的制冷用电成本 = 屋面翻新期间每天制冷所耗电费 − 拆除屋顶前每天制冷所耗电费

这个案例告诉我们,全面而详尽的调研是何等的重要。在某些情况下,也许还存在其他成本节约方式,比如新绝缘材料 R 因数(用来测量热敏电阻)更高。下面的文字价值方程式可用来表述这种情况带来的价值:

早期较高的 R 因数

制冷成本节约 ＝（每天制冷所耗电费 旧屋顶 － 每天制冷所耗电费 新屋顶）· 比预计提前完成工程的天数

ComRoof 高级管理层以往从未如此系统地思考过其屋面翻新流程的优势价值，而现在终于认识到，收集文字价值方程式所需数据并非难事。一旦具备了这种能力，公司在向现有及潜在果汁加工工厂客户展示并记录其产品的优越性能时，会处于更加有利的位置。

采用文字价值方程式的另一案例——Peopleflo 环保型齿轮泵，请参照附录 B。

第四章　细化客户价值取向
展示并用数据证实优势价值

我们曾经在欧洲和美国举办了一系列商务圆桌研讨会。会上，客户方经理们指出，所有供应商的客户价值取向显现出一种趋同性，即"我们可以为你省钱"！然而，正如参加鹿特丹研讨会的一位客户方经理所说，如果所有供应商对成本节约的承诺都可以兑现，那么我们公司的成本岂不是奇迹般地了！这话极具讽刺性。这位经理还补充说，要评估供应商承诺的有效性，可以根据潜在供应商承诺的具体内容，提出一系列问题，来探究该供应商是否具备实现其承诺的人力资源、流程、工具和经验。他的结论是，根据供应商对这一系列问题的答案，不难看出大多数供应商不过是口若悬河、夸夸其谈。

简言之，要使客户价值取向具有说服力，供应商必须展示并用数据证实这一价值取向。本书最后一章将向读者介绍的文字价值方程式，系统而准确地展现供应商产品或服务与略逊一筹的竞品之间存在的差距，以及这种差距所代表的货币价值。而文字价值方程式，需要以客户价值研究过程中的数据收集为基础，方能焕发活力。供应商可以在客户价值研究结果的指导下，对自身产品或服务及进行调整，为客户实现优势价值，详见下一章内容。供应商还要发明工具，才能极具说服力地展示并用数据说明自身优势价值,以证实其价值取向。

管理客户价值调研

每个客户价值研究项目所涉及的产品或服务以及目标市场细分,由供应商来决定。客户价值研究的目标是,找到供应商产品或服务,相对于略逊一筹的竞品,以及能够为客户实现价值增值或成本节约的方法。另外一个相关目标是,如何为每个客户量身打造优势价值。这会促使供应商更好为目标客户服务。因此,在设计每个研究项目时,供应商对其产品或服务相对略逊一筹的竞品所包含的决定客户价值大小的因素做出假设,并依据这些假设细分市场。为确保项目的可控性,供应商通常选择两个市场细分(或者更小的市场细分)作为研究对象。供应商以研究产生的鲜明对照为基础,对其假设进行测试。[1]

客户价值研究小组的人员设置因项目性质的不同而不同,但通常包括经常实地为客户解决问题的人员(例如终端技术服务代表或者终端应用工程师);产品营销或功能开发人员;以及两到三位表现积极的销售人员。项目伊始便请销售人员参与,这一点至关重要。他们可以提供有关客户的所需专业知识及其在产品或服务上的应用。他们和客户有密切联系,了解哪些客户乐于协助客户价值研究。而且,销售人员从开始阶段便作为客户价值管理模式计划的一部分,为这一模式的推广赢得了群众基础。同时,这一部分销售人员的亲身经历对整个销售团队极具说服力。把这部分销售人员作为内部支持者,对于销售团队向价值贩卖商的蜕变至关重要,详细内容将在本书第六章进行阐述。

项目开始前,每个项目组都应该由高级管理层挑选出项目带头人。该项目带头人应具备超强的项目管理和人际沟通技能。我们不建议任命业务变革的主要负责人作为项目带头人。有例为证,负责新产品投放的产品经理决定新产品最先进入哪一个细分市场,这对项目的贡献不可小觑,但由一位立场较为客观的经理主要负责项目管理和流程更为恰当。

客户价值评估是一项密集、深入的分析工作,需要项目带头人投入一半的时间。项目组其他成员为项目付出的时间各不相同,通常为其工作时间的1/4。当然,在项目进展的各个不同阶段,项目组成员所付出的时间比例也不尽相同,有时一周当中有几天时间都花在这个项目上(如实地拜访参与研究项目的客户,收集数据),有时候时间付出为零。

高层的大力支持是客户价值研究项目成功的关键。通常,项目的发起人由某高层管理人员担任。这一点应当在项目开始之前就确定下来。正如第一章所提到的,高层管理人员不仅应当向项目组强调试点项目对于业务发展的重要性,更需要积极发挥表率作用。如承诺至少参加客户价值研讨会上午的第一阶段议程,监控项目组工作进程,列席与项目有关的业务案例报告会,等等,都是对项目组极大的鼓舞与促动。

客户价值研究分为三个阶段:初期争取客户合作、收集数据、分析数据。项目完成后需要编辑相关业务变革案例,明确公司为目标客户量身打造的客户价值取向。下面我们来看一个关于客户价值研究的真实案例分析。

寻求客户合作

在邀请现有或潜在客户参与客户价值研究之前,项目组需要做一定的准备工作。首先,必须确定参与研究的现有或潜在客户名单。虽然参加人数的多少由不同市场的具体情况决定,但通常来说,每个市场细分应选出6-8个客户。

接下来,项目组需要认真思考的是,为什么应该由这些客户来参与客户价值研究。为此,我们发明了一个非常实用的分析工具,叫做"付出与回报"分析。"付出"指企业为客户价值研究所投入的人力、财力和物力,如管理人员的时间和数据。"回报"指企业期望从客户价值研究中所获取的具体研究结果以及成本节约建议。图4-1形象地诠释了这一分析工具的应用原理。

图4-1 "付出与回报"分析

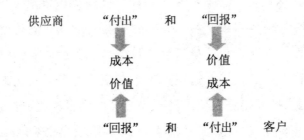

有待权衡:

1. 供应商的"付出"是否与客户得到的"回报"相同?供应商的"回报"是否与客户的"付出"相同?

2. 客户获得"回报"的价值是否大于"付出"的成本?供应商获得"回报"的价值是否大于"付出"的成本?

3. 客户获得"回报"的价值是否大于供应商"付出"的成本?供应商获得"回报"的价值是否大于客户"付出"的成本?

项目组所面临的挑战是,如何分别从供应商和客户公司的角度,理解并分析付出与回报。例如,供应商所理解的付出与客户所理解的回报是否一致,或者存在偏差? 客户对供应商的付出从客户角度看是成本,而项目组需要挖掘供应商可以为客户提供的大于这一成本的价值。依据我们的经验,客户参与客户价值研究,不外乎以下四个基本原因:不必付出很多资源即可加深对他们业务的了解,相互比较的机会,提前接触新产品或服务,以及获得更加优惠的价格。项目组应设计并陆续采用几项更加有效的鼓励机制,吸引客户参与价值研究。

　下一步,项目组需要联系负责各客户销售人员,向其解释客户价值研究的目的,获得他们的支持。客户经理根据销售人员所提供的客户姓名和联系方式,向客户发出研究启动会邀请函,并在邀请函中说明该研究的目的,希望客户积极配合。按照公司内部约定,负责具体客户的销售人员可以陪同项目组成员参与项目启动会。(但必须强调,项目启动会绝不是销售会议。)而且,至少两名项目组成员应在适当时间对参与研究的客户一一进行拜访。

数据收集

　项目组成员要在项目启动会上说明研究目的,以及客户通过参与研究可以有什么收获。然而列出各种价值元素,指出其中哪些元素被认为是同化点,哪些被认为是异化点。他们可以向客户经理求证,是否遗漏了可能成为异化点的价值元素。然后,项目组把初步拟定的文字价值方程式与大家分享,对异化点做出假设。

　如果项目组始终本着诚实的态度,客户会在很大程度上同意他们的假设。但对于某些价值元素的评估,两者存在分歧在所难免。例如,客户也许会把某一同化点看做有利于该供应商略逊一筹的对手的异化点。这类分歧导致某些价值元素成为争论点。然而,这类分歧其实并不是问题,因为它们恰恰是客户参与价值研究、收集数据化解争论点的动力。

　项目组重新审视异化点和争论点,对客户目前提供以及将要提供的数据源进行讨论,分析各异化点和争论点。讨论内容也包括数据收集所需时间和资源,以及来自客户公司外部的(例如行业协会研究报告)、可能具有参考价值的数据源。

　在研究过程中,项目组始终尽可能收集数据,而不是简单依赖客户的主观臆断。如果客户主动协助收集数据,项目组应询问其数据收集方法和衡量标准是否可靠？也就是说，从长期来看，衡量标准是否能够保持一致性？是否需要调整？是否存在主观假设？适当的时候，项目组应主动配合客户，共同收集数据。如果需要，也可能需要再次拜访客户。

项目组必要时需要发挥创造力，积极利用其他资源，哪怕只为精益求精。最初的研究预估可以邀请独立顾问或供应商内部专家参与。在某些情况下，也可以请客户方已退休人员协助出谋划策。如果供应商所提供的某服务元素有望降低客户方风险，那么供应商可以雇佣精算师对这一风险的成本进行估算。高通公司（Qualcomm）曾利用美国货车运输协会（American Trucking Association）的研究结果，为其"全线通"车辆跟踪和调度管理系统（OmniTRACS）价值模型的部分价值元素界定了范围。

项目组最后需要考虑的是价值预留位，即供应商认为具有客户价值，但难以获得数据支持的价值元素，或者社会价值元素。在这种情况下，项目组不得不依赖客户感知：每个价值元素的定性价值多大？有无其他方式进行价值估算？如果除客户感知外无其他数据来源，那么在客户头脑中建立该价值元素的参照点至关重要。

数据分析

数据收集完毕之后，项目组即可进行数据分析：估算每一个异化点或争论点的货币价值，以及它们的平均值和方差（或标准差），并将每一个价值元素的估算在两个市场细分中的差异进行分析和比较。然后把分析和比较结果植入客户价值模型。项目组应注明对每一个价值元素进行货币价值估算的前提假设。

项目组可以利用每一个价值元素之间的差异信息进行敏感性分析，加深对数据分析结果的认识和理解。敏感性分析的目的是识别导致差异产生的价值特点，这种差异是否预示着新的市场划分方法，以及定位最具价值吸引力的客户。

项目组最后要考虑的价值预留位会带来怎样的启发？客户价值评估应如何利用价值预留位？虽然高通公司并未用金额来表示无形价值因素，却依然将其作为价值预留位放在数据分析中。高通此举旨在向客户表明，高通相信这些元素会为客户带来价值，而具体的金额有待将来进一步明确。

创建业务变革案例

基于通过客户价值研究获得的对价值的理解和认识，项目组对企业未来的业务开展有何建议？何种客户价值取向能够与目标客户产生共鸣？业务变革案例应解决以下问题：

1. 在客户价值研究基础上，项目组建议企业采取哪些具体的行动？
2. 企业需要哪些资源来完成项目组提议的变革行动？
3. 在实施商业变革案例的过程中，会出现什么值得关注的具体问题？
4. 变革过程中应明确哪些里程碑事件？
5. 如果变革商业案例获得批准，利润增值是多少？

构思变革商业案例，即明确企业为制定客户共鸣关注点价值取向，应当对业务模式做出哪些调整。调整措施可能包括核心产品/服务性能的提升，或者目标客户看重的附加服务。变革商业案例也可能要求提升销售团队的素质和能力——例如，咨询式销售要求销售人员了解客户需求和偏好，并为客户量身打造产品或服务，实现优势价值。

商业案例完成后，由项目带头人向作为项目发起人的高级管理层以及业务单元最高管理层汇报。每个业务案例都应被看做一个预期承诺：

如果管理层提供所需资源,企业就必须实现所承诺的业绩,尤其是预期利润增值。原因很简单,如果企业得不到相应的回报,那么变革和实现优势价值就毫无意义。

把脆弱的价值取向转化为共鸣关注点价值取向

一家为建筑涂料生产商提供松脂的供应商发现,客户为达到日益严格的环保标准,急于降低涂料中易挥发有机化合物(VOC)的含量。(松脂是涂料的主要成分,含量在 30%—60%。)涂料生产商正在想方设法研制涂料新配方,大大降低溶剂(VOC 释放源)含量,或者使用溶剂含量最低甚至不含溶剂的水介系统——但是两种方案都将导致产品性能的降低。[2]

于是,该松脂供应商推出了一种新型松脂。使用这种新型松脂生产出的涂料不仅符合更加严格的环保标准,也保留了溶剂型涂料的诸多性能优点,只是这种松脂价格更高。该松脂供应商定位的客户价值取向为:"新型松脂虽然价格略高,但生产出的涂料不仅符合 VOC 挥发标准,而且保留了类似不合格松脂所具备的优势。"供应商后来意识到,这种价值取向属线性、一维价值取向。涂料生产商对新型松脂进行了测试。在与客户的最初讨论中,松脂供应商对于客户,尤其是客户方商务经理的冷淡反应感到惊讶和失望。他们对使用新型松脂生产高价涂料的销售前景,即一级目标市场的销售前景,并不看好。而且,他们明确表示不会采购这种新型松脂,除非环保标准强制要求。新型松脂的客户价值取向缺乏说服力和销售潜力。

出师不利的松脂供应商不甘示弱,决定拓宽其产品关注点,通过客户价值研究加深对客户的客户——即粉刷工程承包商——的要求和偏好的理解,并更好地认识松脂性能对业务总成本的影响。研究对象甚至包括了粉刷工程承包商的客户——业主。松脂供应商通过开展专题小组讨论,联合工程承包商进行实地考察等方式,针对三种类型的涂料,即传统溶剂型涂料、符合 VOC 挥发标准的先进溶剂型涂料和水介涂料,进行了数据收集。研究针对的是涂料延展性、干燥时间、耐久性等主要性能指标。研究过程中,客户要在各种性能中做出选择,表达对性能加强型涂料的购买意愿。此外,该松脂供应商还加入了粉刷承包商行业协会,接受了承包商工程估算专业课程的培训,并学会使用承包商使用的工程估算软件,以求加深对于新产品价值取向的理解和认识。

上述客户价值研究颇具成果。涂料本身只占粉刷承包商总成本的15%;人力成本所占比例大得多。这一点说明,如果涂料产品可以使粉刷工生产效率得以提高,承包商便可以接受更高的涂料价格。承包商青睐延展性好(延展性好,则每次涂抹量更大,同样的粉刷面积,总成本降低)、干燥时间短(传统溶剂型涂料需要至少 8 个小时干燥时间,如果干燥时间降低至 4 个小时,那么 8 小时便可粉刷两次)的涂料。

松脂供应商惊喜地发现,新型松脂除符合 VOC 挥发标准之外,还具备为客户实现优势价值的其他特点,而且略加改进,其客户价值还有进一步提升的空间。新型松脂增加了涂料的漆膜厚度,遮盖力更强,延展性更好,不到四小时即可干燥重复粉刷。在此基础上,松脂供应商将原有的一维价值取向——即符合 VOC 挥发标准——重新打造成为与客户形成共鸣关注点的价值取向。在这一新的价值取向中,符合 VOC 挥发标准仅处于次要地位。具体来说,新价值取向为"采用新型松脂制成的涂料漆膜厚度大,仅需一个班次即可完成两遍重复粉刷,在符合 VOC 挥发标准的同时,提高了粉刷工的生产率"。这一价值取向在涂料客户中间广受欢迎,而松脂供应商的价格也毫无阻力地上涨了 40%。

利用价值计算器展示客户价值

供应商需要事先说服潜在客户，自己的产品或服务相对于略逊一筹的竞争对手，可以为客户实现成本节约或价值增值。GE基础设施集团水处理及工艺过程处理公司、SKF集团等在业务市场上采用以价值为基础的业务方式的企业，往往利用价值计算器，事先向客户展示其产品或服务的价值。价值计算器这类工具其实是销售人员或价值专家在手提电脑上操作的一种表格应用软件，是向客户展示产品或服务价值的咨询式销售模式的一部分，用以向客户展示其产品或服务可能为客户带来的价值。

橙色奥卡（Orange Orca B. V.）是一家总部设在荷兰的管理咨询公司，为客户提供变革管理与可衡量业绩改进服务。[3]作为其业务的一部分，这家公司协助客户创建价值计算器，展示其产品或服务为目标客户实现的优势价值。图4-2是价值计算器的两个界面：第一个界面展示的是简明客户价值模型的例子；第二个界面展示的则是某客户新型合成材料的其中一个异化点。（注：InnoPackaging和欧洲石化公司均为化名）。客户销售人员可以利用这个价值计算器，展示新型合成材料Transplast可以为客户实现的优势价值，从而以较高的每吨单价为公司赢得更多业务。

罗克韦尔自动化公司近期的实践经验再次印证了，价值计算器为供应商销售人员提供竞争优势的事实。[4]一家调味品公司急召一名罗克韦尔销售代表杰夫·波利西乔（Jeff Policicchio）前往公司一家大工厂参加"持续改进会议"。在沃尔玛（Wal-Mart）不断施加降价压力的情况下，这家调味品制造商决定邀请现有供应商及潜在供应商共同商讨如何大幅降低运营成本。波利西乔和竞争对手的销售代表一起参加了为期

图 4 - 2   Transplast 价值计算器:汇总界面

Transplast 价值计算器:对第一个价值元素的计算界面

资料来源:Orange Orca B. V. Used with permission.

一天的会议,期间详细了解了工厂设施及人员情况。

在同工厂人员的交流中,波利西乔很快发现,厂内32座大型调味品储罐的泵机运转不良,造成生产时间的损失和停工时间的延长,这是主要问题,且重复出现。于是,他利用罗克韦尔TCO(TCO指总体拥有成本)工具箱,生成一系列调研问题,用来收集与泵机使用相关的数据信息。通过与工厂工程师、维修经理和采购经理的广泛交流,波利西乔收集到了相关的成本与使用数据,并将数据输入手提电脑的TCO工具箱程序。在数据评估的基础上,他提出了"泵机问题解决方案",行家称之为"螺杆传动",由一台瑞恩电气(Reliance Electric)的XE发动机、一个道奇(Dodge)Quantis齿轮减速器和一个瑞恩电气的变频驱动器组成。

第二天,波利西乔及其竞争对手被请回工厂,用一个小时时间准备一份解决方案建议书,并向工厂管理层现场汇报。波利西乔再次使用TCO工具箱程序,生成一份价值评估报告,初步拟定了价值取向,同时制作了PPT文件,用来做现场汇报。汇报结束后波利西乔才发现,他是唯一一个使用价值评估工具来展示解决方案可能带来的成本节约的销售人员。而其他人只是空口许诺。简而言之,波利西乔提出的价值取向是"罗克韦尔自动化公司的泵机方案,可以通过大幅缩短停工时间,降低采购相关的管理成本,以及减少备件支出,为贵公司每台泵机节约成本至少16 268美元(32台泵机皆可如法炮制)"。

工厂管理人员非常欣赏波利西乔的价值取向,当即购买了一套泵机解决方案作为试验。试验结束后,工厂对其性能进行了检验,发现比预期还要优越。于是,他们采购了其余泵机,逐步对现役泵机进行更新换代。

通过比较试验展示客户价值

必要时,模范供应商往往不惜代价来展示其产品或服务相对于略逊一筹的竞争对手的优势价值。他们发现,比较试验的结果对客户非常具有说服力,于是主动提出进行比较试验。因为无论如何,客户自己也会做比较试验。与其被动挨打,不如主动出击。下面我们一起来看一下阿克苏诺贝尔(Akzo Nobel)公司和泰利斯荷兰公司(Thales Nederland)的近期案例。

阿克苏诺贝尔公司合成化学品业务单元,最近就生产反应堆在潜在客户处进行了为期两周的试验,旨在收集一手数据,证实其高纯金属有机物(HPMO)产品在生产合成半导体晶圆方面,具备优于略逊一筹的竞争对手的卓越性能。阿克苏诺贝尔公司从该潜在客户处购买了其生产反应堆两周的使用权,每天根据产量和维修状况的不同,分别进行试验。这样一来,阿克苏诺贝尔公司便拥有来自实际生产机器的数据以及确凿证据,证明用该公司产品生产出来的晶圆质量等于甚至优于用略逊一筹的竞争对手产品生产出来的晶圆质量。

为请该潜在客户的客户(即以晶圆为原材料之一,生产合成半导体的企业)证实数据的有效性,阿克苏诺贝尔公司把生产出的晶圆交给他们进行检测。阿克苏诺贝尔公司把这一同化点和另外两个异化点——大幅降低能源成本和维修成本——结合在一起,制定出了与客户产生共鸣关注点的价值取向。

泰利斯荷兰公司是一家领先的国防电子设备和海军雷达系统制造商,客户是政府。公司会不时安排实地比较试验,来展示其产品相对于略逊一筹的竞品的优势价值。装备精良的荷兰皇家海军(Royal Dutch Navy)作为泰利斯的参照客户,积极组织了一系列比较试验。

记录实际产生的客户价值

展示优势价值是必要的,但在当今商业界却远远不够。供应商还必须记录其产品或服务实际为客户带来的成本节约或利润增值。供应商首先与客户一同制定成本节约或利润增值的跟踪方式,一段时间后,在客户方经理的协助下,记录实际数据结果。

我们把这类工具称之为价值记录器,用来进一步细化客户价值模型,建立价值案例历史记录,使客户方经理凭借成本节约或利润增值获得赞誉,同时强化供应商自我价值承诺的可信度(因为客户方经理知道,供应商在出售产品后会回来对客户实际实现的价值进行记录和备案)。价值记录器是价值计算器的直接延伸工具。图4-2举例说明了价值记录器的使用方法,同时附有"实际价值实现"栏和"价值承诺"栏(即图中所显示的客户公司栏)数据,将供应商向客户展示的预估价值与客户实际实现的价值进行比较。

价值案例历史记录是供应商——如荷兰的尼德拉集团以及应用工业技术公司(Applied Industrial Technologies)——以价值为基础开展业务所使用的另外一个工具。正如前面所述,价值案例历史记录是客户使用供应商产品或服务所获得的成本节约或价值增值的书面记录。

奎克化学公司记录实际成本节约数据

奎克化学公司(Quaker Chemical)坚信记录实际成本节约成果的必要性,甚至将其作为价值取向的一部分。以下是其公司网站上的一段话:"对我们来说,'价值取向'是包含优质产品、流程与技术知识应用、产品价值的货币金额展示在内的一个销售整体。我们坚持把每一个案例记录下来,以证明我们的产品价值。"

某热轧机运营商正在想方设法改进其生产的钢板表面质量,延长机器设备使用寿命,同时减少耗电量,提高生产率。奎克为其推荐并采用了一种全新的辊缝润滑系统,包括应用设备、控制设备、润滑油,以及一份每周维修合同。客户为此承担的总成本每年不到350 000美元。而该系统投入运行第一年实现成本节约150万美元,证实了奎克解决方案的价值。

某大型汽车钢板制造商希望在酸浸和冷轧操作流程方面降低成本,改进产品质量。奎克凭借对这类流程的全面和深刻理解,发现了降低流程助剂、水和废料处理助剂消耗量的方法。与此同时,奎克推荐了一个解决方案管理项目:由奎克解决方案技术专家团队和一名项目经理组成的项目组提供24小时现场指导和协助。按照合同,客户三年支付费用120万美元,而同期记录在案的总体运营成本节约了380万美元。

正如奎克案例所述,所谓"用数据证实"是指,客户方经理愿意为供应商产品或服务所带来的成本节约或收入增加和利润增值作证。成本节约或价值增值并非供应商片面之词,而是经过客户确认的。这是证实客户价值取向有效性的最佳途径!

展示并用数据证实客户价值使固安捷及其客户双双获益

法玛实验室(化名)是一家迅速崛起的制药公司。在该公司最大的一家制药工厂——员工总数约380人,采购经理正在就是否将维护、修理及操作(MRO)设备与库存管理流程的采购进行外包的事宜,征集各方意见。在一次销售例会上,一位固安捷客户经理发现了工厂采购部的担忧,随后有针对性地安排了为期半天的会议,邀请工厂运营副总监、采购经理和维修经理参加。会议同时邀请两位固安捷客服(GCS)经理列席会议,以便必要时提供协助。

会议结束后,固安捷客服提议进行"基准测试",记录维护、修理及操作设备管理总成本,并根据测试结果,为法玛管理层提供运营改进的战略性建议。固安捷客服告知法玛,基准测试和战略建议两项工作将耗时6—12周,费用为45 000美元。法玛管理层通过了这一提议。

首先,固安捷客服成立了一个案例小组,小组成员包括一位咨询经理、一名顾问和一名业务分析员。法玛实验室成立了督导委员会和项目组。督导委员会由相关部门主管组成——如维修部、采购部、生产部、库存管理部、管理信息系统以及财务部,负责监督项目进展和战略开发。项目组由来自上述各部门的人员组成,负责与固安捷客服案例小组协同开展工作。

一般来说,固安捷客服从四个主要方面来寻找客户价值模型的元素:流程(从发现采购需求到发票支付);产品(产品价格、利用率、品牌标准化和产品应用);库存(现有价值和持有成本);供应商(业务表现、装运整合、增值服务)。固安捷客服针对每一个方面,明确各价值元素和成本节约元素(如运费和滞纳金);规定各元素的衡量方法(如每单采购成本、供应商数量,以及库存准确率);收集数据、分析数据;规定业务表现的衡量方法。在法玛实验室,业务表现的衡量方法包括供应支出、供应商数量和交易量。

在一次基准测试中,固安捷客服利用流程设计和以每笔交易为基础的成本核算,创建了客户价值模型,同时借鉴了公司专有数据库中的历史数据。固安捷客服采用以交易为基础的成本核算方法,列出了法玛实验室主要功能领域——采购、维修、应收、应付——的采购成本。结果与固安捷客服数据库中所跟踪的成本基本一致。

固安捷客服尽可能利用客户数据库进行分析(案例小组通常获取跨度为一年的数据)。此前,案例小组会亲临现场考察数据,评估数据的准确性和完整性。对于法玛实验室,固安捷客服分析了两年的采购和应付数据信息,以及半年的采购卡数据。在这些数据的启发下,固安捷客服和法玛实验室看到了对法玛定期从各供应商处采购的产品进行整合的潜在机会。另外一个启示在于,法玛如何通过采购整合,降低采购价格,并从剩余供应商处获得更多增值服务。

发票分析也是固安捷客服为每一个客户所提供的服务内容之一,对法玛实验室也不例外。所谓发票分析,即审查以往发票,收集有用数据,核实数据库数据,同时发掘更详细的产品信息。客户手头的数据往往不够翔实。客户系统中也许只包含总体采购订单的信息,只显示付款总额。即使发票本身,其产品说明有时也不完整。这种情况下,便更加难以确定采购的产品究竟是什么。

另外,固安捷客服通过库存分析发现,法玛对于现有库存及库存利用并无任何记录。库存水平极高——案例小组后来发现,法玛实验室的呆滞库存居然高达100万美元以上——却无任何系统对这些库存项目进行跟踪管理。

作为对数据分析的补充,固安捷客服案例小组与法玛项目组成员进行了面谈。在面谈过程中,固安捷客服分享了其数据分析的初步结果,谨慎查缺补漏,同时倾听法玛管理人员自己认为有哪些地方需要进行改进。事实证明,面谈富有成果,至少固安捷客服和法玛的管理人员发现了采购领域存在的一大现象:法玛实验室的技术人员在采购流程中处理某些常规采购,维护所有交易的详细手写日志,接收采购产品入库,并管理库存,扮演着特殊而重要的角色。固安捷客服创建的客户价值模型显示,在实验室技术人员设置方面,法玛付出了30%的采购成本——等同于几乎三个全职人员的成本,而这些技术人员与其承担现有采购任务,不如调任至更加对口的职位,从事更富有价值的工作。法玛实验室最终与另外一家公司签订了供应协议,后者派专人对采购流程进行现场管理。

固安捷客服通常在基准测试的基础上,明确指出客户在未来6到

12 个月内需要做出的改进,同时与客户一起对维护、修理及操作设备管理策略进行相应调整。

固安捷客服发现,在法玛每年高达 610 万美元的维护、修理及操作设备采购总产本中,至少可以节省 32.7 万美元。预期成本节约来自供应商整合和采购价格下降(165 000 美元),库存压缩(72 000 美元),以及流程改进(90 000 美元)。例如,固安捷客服建议法玛实验室对维护、修理及操作设备采购进行大幅调整。法玛接纳了该建议,并主动与固安捷签订了国家范围的客户协议。为此,固安捷为法玛提供了一位现场客服代表,管理采购和库存流程。这就把以往全职负责维护、修理及操作设备采购的维修技术人员解放出来,使其重新回到了价值更高的维修岗位上。

那么,固安捷为法玛所做的工作最终成果如何呢?第一年年底,固安捷客服和法玛实验室对成本节约进行了联合审计,发现在根据固安捷的建议进行调整后的前六个月内,成本节约高达387 000美元。而固安捷全年向法玛的销售额增加至350 000美元,是以往50 000美元的七倍。在接下来的第二年,上述销售额又翻了一番,上升至650 000美元。毋庸置疑,对价值更加深刻的理解同时为两家公司创造了良好的效益。[5]

第五章　为客户量身打造产品

设计裸方案,提供多种选择

商业市场上的许多供应商认为自己做的是商品买卖。其实,这种武断的定位常常会起误导作用,因为它是目光短浅和不成熟的。这些供应商把他们供应给客户的核心产品和服务看得太过狭隘。也许他们提供的钢板、信用证或化学品与其他供应商几乎相同,甚至完全相同。然而,客户从供应商那里购买的往往远不止核心产品或服务本身。这些供应商从未采用我们所推荐的客户价值研究等系统方法去考察自身产品与竞争对手存在何种区别,以及这些区别为客户带来多少价值,或者如何对产品进行改进,从而获得至少部分客户的价值认可。[1]

通常情况下,可供选择的供应商核心产品或核心服务在本质上是可以互换的,而市场中的这些产品同时也包含很多能够提高该产品的核心价值并向客户提供了额外价值的附加服务、项目和系统。诸如此类的增值服务、项目和系统在区分供应商品质方面起着日益重要而显著的作用(参照"增值服务、项目与系统例证")。为方便讲解,我们不妨把它们统称为"附加服务",或简称为"服务"。供应商在断言是否身处商品市场之前,需要更加仔细地研究分析自身产品的附加服务和竞争对手之间存在的差别,由此来评估客户从这类服务中所能获取的价值。

　　然而遗憾的是市场上的供应商开展业务的普遍策略是将附加服务和核心产品进行捆绑式销售。结果只能是客户购买该公司核心产品的同时免费获得了这些服务，而且这通常是无限制的消费。供应商并未真正分析过：(1)这些服务对于客户的价值；(2)他们对某些特定客户意味着多大价值；(3)他们如何才能成为一种差别性资源。

　　在本章中，我们将讨论如何通过调整市场产品或服务，甄别为目标市场细分和客户公司创造最大价值的产品、服务、项目和系统。这一策略促使供应商向价值贩卖商转变，为客户提供具备有利异化点的产品或服务，从而让客户心甘情愿为此买单。为客户量身打造产品或服务要求供应商提供具有多种选择的裸方案，准确锁定目标市场与目标客户，提高产品或服务的灵活性。

提供具有多种选择的裸方案

　　负责市场开发的资深经理人必须从最初就认识到，无论他们将市场细分到何种程度，每一个细分市场在产品和服务要求上始终会或多或少存在差别。也就是说，即使某一细分市场的客户在需求与偏好方面基本一致，但他们一定会在其他方面有所差别。供应商可以选择忽略这种细微的差别，但掩耳盗铃的结果只会使企业陷入困境；或者他们选择利用这种细微的差别，提高自身产品或服务的市场灵活性。

　　灵活的市场产品或服务包含具有多种附加选择的裸方案，其中附件选择针对各个不同的市场细分而设计。裸方案是指，某细分市场的所有客户都认为有价值的产品或服务的最小基准值。对于那些希望以最低价格获得最小价值产品或服务的客户，基准值产品或服务无疑为供应商赢得了极大的价格竞争力。供应商为每一套裸方案精心设计多个附加选择，即产品性能强化或附件服务等。不同客户对不同附加选择的看重

增值服务、项目与系统例证

服务

履行：确保供应、应急供应、安装、培训、维护、旧设备处理/再利用

技术：规格、检测与分析、故障识别、解决问题、设备调试、提高客户生产效率

项目

经济指标：条款；交易；折扣、补助、返利或奖金；保证书；节约成本保证

关系：咨询与建议、设计、流程设计、产品与流程重新设计、成本与业绩分析、联合市场调研、联合市场营销与联合促销行动

系统

联结：内部企业秩序管理网络、自动补货与供应商库存管理、企业资源规划、计算机化维护管理

功效：内部信息和设计帮助网络、专家系统、物流一体化管理、资产管理、应对系统

程度各不相同。而这些附加选择正是按照不同客户的不同要求与采购意愿分别进行设计的。

以往供应商对于客户之间的差别要么忽略不计，要么不知如何应对，于是基于该市场细分中一般性客户需求，设计并提供标准式产品和服务组合。更糟糕的是，在许多情况下，供应商居然对不同市场细分提

供相同的一般性产品。结果，供应商对市场进行细分之后，却提供大致相同的产品，而不是针对每个市场细分提供具有差别的产品和服务。正如某大型医药公司的销售经理所说："我们为 90% 的客户提供完全相同的支持和服务。"[2]

因此，一些客户认为他们被迫接受了并不需要的服务，而其他客户却没有能获取真正需要的服务级别，即便他们乐意为此支付额外的费用。此外，向所有客户提供标准产品或服务组合导致出现一部分客户补贴另一部分客户的现象。例如，供应商对一家客户赢利情况的分析显示：带来最高利润率的前 20% 客户对该供应商的利润贡献为其总利润的 225%，70% 的客户没有带来任何利润，另外 10% 的客户竟然给该公司带来了 125% 的亏损。为什么会出现这种情况呢?[3]

带来最高利润率的那部分客户在协商价格时并未过多的压价，而且一般很少使用供应商的免费附加服务。因为这些客户的出价相对较高，而向他们提供服务的成本却相对较低，所以对于供应商来说，他们带来的利润是最高的；另一方面，还有大批的客户并未给供应商带来任何利润，然而他们拼命压低价格，占用了供应商大量的附加服务。当这种横向补贴客户的情况开始泛滥，就会有人意识到问题的严重性，从而锁定能带来高利润的客户群为目标。如果这部分客户的利益被其他客户不公平地占取，供应商面临的是大量客户资金的损失，而最终他们会被迫解决由标准产品或服务组合导致的隐性不公平与不合理问题。

裸方案终结了这种不良的业务方式，即强迫那些不重视也不使用附加服务的客户去补贴另外一些看重附加服务并过度占用附加服务的客户的现象。它也使得供应商能够向需要此种服务并乐意支付费用的客户提供更多更高水准的服务。供应商一般会针对各个市场细分客户开发不同版本的核心产品或服务，但仍然很少针对不同市场细分或不同客户开发不同的附加服务。

瞄准目标

在业务市场上,领先供应商会对市场进行更细的划分,以便更好地了解和掌握客户需求与偏好,以及产品或服务的市场价值如何随市场细分不同而有所差异。供应商发现,传统的划分基础,比如产业规模和客户实力也许曾经有效,但如今并不能提供充分的信息作为锁定目标客户的基础。因此,他们选用更为先进的指标来细分市场,比如产品应用、客户潜力、使用状况、客户利润贡献等,然后完善对供应商利益最大的市场细分,甚至是细分中的细分。

灵活多样的市场产品能使供应商充分利用目标细分市场之间的微妙差异,为客户量身定做符合他们要求和偏好的产品或服务。这样一来,客户可以选择最有价值的业务方式,而这种业务方式对于供应商而言也是有利的,这也是终极目标所在。图5-1显示了荷兰皇家航空公司(KLM Cargo)为客户提供的灵活性产品/服务。通过提供基准服务与选择性高级别服务,荷兰皇家航空公司的客户可以根据自身需求自由选择所需服务级别。这样一来,公司就能获取更大份额的客户业务。[4]

先进的供应商已经认识到,目标市场细分其实可以根据不同的业务倾向进一步细分下去。最常见的也许是两种截然不同的客户类型:倾向于与供应商在交易基础上开展业务;倾向于与供应商在合作的基础上开展业务。

区别交易型客户与合作型客户

交易型客户通常会有意识地把他们的业务分给几家不同的供应商,目的是进一步获得价格优惠,同时跟卖方保持一定的距离。相比之下,

图 5 - 1　荷兰皇家航空公司灵活的产品/服务

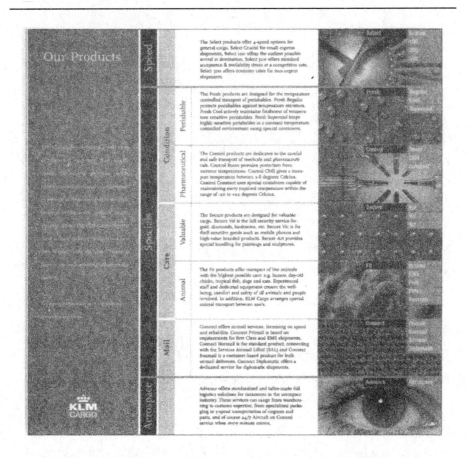

资料来源：KLM Cargo. Used with permission.

合作型客户通常希望缩减与他们有业务往来的供应商数量，以此获取明显的成本节约或价值增值。为节约成本，他们愿意考虑调整与供应商的业务方式。

　　先进的供应商能够意识到客户倾向于何种业务关系，并能相应地提供灵活多样的产品或服务。我们不妨从两种利益细分角度来参考一下

**表 5–1　巴克斯特公司产品/服务的两个细分市场：交易医院客
户与战略合作医院客户**

产品/服务元素	细分市场	
服务项目	交易医院客户	战略合作医院客户
产品回报	标准	标准
技术协助	标准	标准
单点联系人	不提供	标准
未来疾病事故预测	不提供	可选
⋮		
项目		
价格交易	标准	标准
企业客户奖金（财务奖励）	不提供	标准
管理层视角	不提供	标准
综合采购简报	不提供	标准
Access 项目	不提供	可选
巴克斯特企业咨询	不提供	可选
⋮		
系统		
快速订单输入系统	标准	标准
Comdisco 技术评估	不提供	标准
Valuelink 无存货库存项目	可选	可选
Comdisco 资产管理系统	可选	可选
⋮		

资料来源：James C. Anderson and James A. Narus，*Business Market Management*，2nd
ed.，© 2004，186. Reprinted by permission of Pearson Education，Inc.，Upper Saddle
River，NJ.

巴克斯特公司服务项目:交易型客户医院与巴克斯特公司按部就班地进行业务往来,而战略合作型客户医院致力于与巴克斯特建立并发展更加紧密的业务关系(如表5-1所示)。巴克斯特公司据此分别设计了一般性以及特殊性服务、项目和系统产品,以实现满足战略合作型客户需求、改善客户的医疗服务与财务状况的承诺。即使是选择性的额外收费项目,如巴克斯特企业咨询服务项目,也充分体现了这一承诺,因为供应商为战略合作客户实现的价值和成本节约远远超过了客户支付的成本。[5]

规范附加服务

能像巴克斯特这样合理有效细分并管理产品或服务的企业是不多见的。更多情况下,经理人对于自身产品的服务、项目和系统在市场细分内部或者在不同市场细分中的了解支离破碎、参差不齐,缺乏准确性。因此,所有来自与客户直接打交道的职能部门经理人都应该以各种形式参与产品或服务的确立流程。他们应该集中在一起,由专业人士向他们系统地展示公司可能推出的各种服务、项目和系统,例如"增值服务、项目和系统例证"中所列出的各项细节。专业人士应针对每一项询问经理人:"你是这样做的吗?"。紧接着,专业人士要问的问题应该是:有时你是这样为客户提供服务的吗?

在绝大多数情况下,对于附加服务进行系统的研究之后,我们会发现这样的现象:企业以标准价格为客户提供的标准产品组合与客户额外支付费用的可选产品或服务存在不一致现象。由于差异管理不善或各种特例情况导致背离企业标准(即背离既定的战略和战术)的情况之严重,令高层管理人员非常惊讶。供应商经常发现他们的销售人员年底为达成全年销售目标往往免费赠送可选服务。这样一来,客户对于什么是标准服务和什么是可选服务感到困惑。供应商可能还会发现,某些客户通过向销售人员索取优惠或特殊照顾,逃避某些费用的支出。[6]

掌握附加服务的价值与成本

在对每一个市场细分设定灵活的产品投放方案之前,供应商经理们需要预估每项服务的价值以及提供每项服务的成本。这些信息看似常识,然而企业很少进行任何正规的价值或成本评估。那么,领先企业是如何衡量其附加服务价值的呢?

生产纤维与塑型卷筒的格瑞夫公司(Greif Inc.)定期进行"使用成本研究",记录客户使用格瑞夫产品与服务相对于其他供应商的进一步成本节约或价值提升。为增加研究结果的可信度,格瑞夫的一位技术服务经理邀请客户方经理共同完成研究工作。除生产检查外,这一团队成员还通过一系列流程分析,用图解方法演示出客户的业务操作流程,估算出其当前成本。

在这些估算的基础上,格瑞夫的经理们针对系统解决方案,为客户献计献策。例如,他们会设想一个完整的材料处理系统,包括及时送货和硒鼓的循环利用。然后,格瑞夫给出一系列服务项目及相应的成本节约估算,供客户选择。这样一来,客户可以根据各项系统解决方案的价值做出最终决策。

先进企业是如何掌握与其市场产品相关的服务成本的呢?一家食品添加剂与调味品生产商为消除模糊服务问题以及销售代表企图掩盖成本的倾向,将其服务提供与计划系统进行了改良。对于新客户,这家公司对所提供的服务以及服务级别进行了更加准确的定义。由接受过专业技术培训的销售代表组成的销售团队应公司要求,处理所有较小的客户服务工作,如解决简单问题。这类服务费用占分配给每个销售代表的全年总预算的一部分。

所有重大服务,如详细技术问题的解决,均以项目方式提供,且由客服等部门的技术专家来完成。服务费用可以由客户按项目支付(这是最理想的),也可以记入负责该项目的销售代表的可支配预算。年初,公司经理们会为每一个大客户制订计划,规定财务与销量目标,确定公司为其提供的服务级别。年底,经理们则会回顾年度计划,审查服务成本及对该客户的赢利能力,并对下一年客户服务级别的调整提出建议。

供应商很难对共享资源的作业成本进行计算,而以作业为基础的成本计算恰恰是供应商提供服务、程式、系统的特点。幸运的是,这类作业成本计算已经有了很大改进。罗伯特·卡普兰(Robert Kaplan)和斯蒂文·安德森(Steven Anderson)创建了"时间方程式",使得作业成本计算模型能够反映出以订单和作业为基础的特点是如何导致处理时间上的差别的。时间方程式用简单文字和数学符号,表达出完成某些作业所需要的分钟数,以及作业方式不同——如供应商提供不同级别的服务——对这一分钟数字的影响。例如,卡普兰和安德森利用时间方程式,根据特殊包装或不同运输方式的要求,计算出某化学品运输包装所需要的时间(分钟数):

$$包装时间 = 0.5 + 6.5 × 〔特殊包装要求〕+ 2.0 × 〔空运要求〕$$

然后,计算出来的分钟数乘以供应一定量货物每分钟所耗费的成本,得出订单包装的成本估算值。这一时间方程式简化了作业成本计算,而且与第三章讲到的价值文字方程式完美兼容。两者强强联手,为供应商提供了准确体现和估算附加服务价值和成本的系统而实际的方法和手段。[7]

提高产品的灵活性

供应商设定不同市场细分,需要灵活多样的产品或服务,他们可以选择三种战略方式开发利用每一种服务元素:不对服务进行市场营销、作为标准服务进行市场营销(无附加费用),或者作为可选服务进行市场营销(收取附加费用)。每种服务具有以下三种属性之一:供应商之前从未营销过的新服务形式(虽然竞争对手可能已经提供过此类服务)、现有标准服务,现有可选服务。

三类服务元素与三种服务属性分别结合在一起,形成九种独特的组合方式。图5-2将这种灵活的市场产品策略矩阵表示了出来。该矩阵系统地展示出供应商产品的性质与平衡,促使管理人员进一步思考与制定策略,例如,当管理人员发现某个或某几个单元格空白时,不免会分析背后的原因。

图5-2 灵活的市场产品策略矩阵:服务,项目,系统

服务元素属性	服务元素战略部署		
	无市场营销	标准营销服务	可选营销服务
现有标准服务	对标准服务进行"修剪"	保留于标准服务中	重新设计为收费可选服务
现有可选服务	停止可选服务	强化标准服务	作为增值可选服务保留下来
新服务	搁置	增补标准服务	作为增值可选服务引入

资料来源:James C. Anderson and James A. Narus, *Business Market Management*, 2nd ed., © 2004, 191. Reprinted by Permission of Pearson Education, Inc., Upper Saddle River, NJ.

重新评估现有标准服务

对于供应商来说最重要的宗旨是尽量保持标准产品或服务的裸状

态,确保标准产品或服务仅仅包含满足某市场细分客户一致看重的那部分服务、项目和系统元素。首先将这一宗旨付诸实践的是对现有标准服务进行重新评估。通过停止或"修剪"这些服务,或者重新考虑其他元素作为选择,供应商经理保留全套服务,他们是升级标准服务的基础。此处的"修剪"(prune)借用的是园艺上的概念,即修剪树木或是灌木使其更加富有生命力;此处不作"李子干"讲(原文所使用的英文单词"prune"有"修剪"和"李子干"两个含义——译者注),这种激发活力的做法与前者大相径庭。

修剪标准产品/服务。 供应商往往乐意增加服务而非常不情愿删减现有服务。尽管如此,经理人仍需要审慎选择现有服务的元素进行修剪。一种情况是大多数的细分市场已经极少使用的那些服务,仍然看重这种服务的客户数量极少,因此供应商如果继续提供此类服务的话得不偿失。而对于看重这种服务的客户,供应商有时可以外包此种服务或是向客户建议其他可以提供此类服务的公司。

某化学制品生产商在进行详细的市场调查研究后懊恼的发现,虽然每年该公司的186项服务都需要花去固定的费用,但前一年的多项服务其实并未派上用场。该公司经理人对原有服务进行了大幅缩减,结果客户竟然根本没有发现这些服务已经停止。

保留标准产品/服务。 在某细分市场中,即使并非所有客户都非常重视某些服务,供应商有时也会选择保留标准产品/服务。因为就它们的价值和成本而言,某些服务的成功主要靠的是客户的广泛使用。诸如此类的例子包括以网络为基础的订购安排,以网络为基础的跟踪系统,以及物流管理系统,等等。

供应商不易区分的有别于竞争对手的服务元素应该保留在标准产品/服务中。在行业产品/服务中,这类元素一般会被当做标准元素对待,而且它们已经成为裸产品中的重要组成部分。把此类服务提供给客户的过程存在着这样一个挑战：既要引导客户不要太过关注第二选择产品/服务，同时又要将他们的价格调整到比竞争对手低的水平。原因何在呢？因为客户通常不会太重视这些服务，只要这些服务已经得到市场的基本认可，客户在考虑更换供应商时是不会考虑这些因素的。

将服务形式调整为额外付费的可选服务。 供应商经理人的报告中提到把标准服务调整成为需要付费的选择性服务这一项，是这九项策略中最难执行的。当客户得知他们必须为原本以为免费获取的服务额外付款时，客户很可能怨声四起。如果竞争对手继续免费把自己的服务作为标准服务进行销售，那么对于供应商而言，情况会变得更加棘手。在固定成本极高的产业中，如化工产品生产以及大型综合钢铁制造行业，此类问题表现得最为明显。在这类行业中，管理人员不能贸然实施可能导致销售额缩水的方案，因为这样产能利用率可能无法达到赢利水平。因此，管理人员不敢轻易缩减产品/服务，反而不断增加服务以保证销售额。

例如，诸如培训、安装、更新这类服务，他们并不是经常使用的，但在某个特定时间迟早会发挥其价值，或许它们就是额外付费可选服务的最佳方案。通过销售这类增值可选服务，供应商还是能继续保持和客户之间的业务关系，因为客户能从服务中获取价值从而乐意为此支付额外费用。通常这种方法也可以用于检验某些服务的价值，因为客户认为有些服务对他们是没有意义的，或是与在别的供应商那里免费拿到的服务是一样的，而供应商却认为这些服务对于客户具有特别的价值。根据市场反应，供应商或者继续销售这些增值可选服务，或者不再提供这些服务。

领先供应商公司会利用多种方法将自己的服务变成增值可选服务。为优化标准服务，提高客户满意度，某专业化工公司对该策略进行了调整并加以利用。在销售专业有机化学制品的同时，该公司还提供了多种多样的服务，包括协助实验室操作、现场咨询、当场检测、教育培训研讨会等,所有这些均为额外收费服务项目。该公司意识到,客户对这些服务的重视程度各不相同,因此具体服务项目也因客户不同而有所差别。如果某客户每年购买产品的数量很少,那么该客户会获得伴随标准产品的基本服务。如果客户希望获得更高水平的服务,则需达到一定的采购量,否则必须额外支付费用。这样一来,每种标准产品/服务都配有相应的基本服务。客户越是看重某项服务,就会选择购买更多的产品。

某大型计算机公司试图把之前的标准服务转变为增值可选服务,首先他们会列出提供这些服务的费用清单,注有"不需支付"字样的费用会被从中扣除。然后他们会在邮件中向客户解释该公司非常荣幸能够提供此项服务,根据第三方的行业顾问所做出的公正的市场评估,向客户陈述该服务对客户而言有什么样的价值。供应商为什么要使用这种我们称之为"伪清单"的方法呢?因为这种方法能让客户清楚地意识到该公司的服务价值,从而将来更容易销售这些服务。因此,客户能够清楚的了解单独提供的产品,即便是标有"免费"字样的清单,这与简单打包到标准服务中的服务有着巨大的差别。

另一种方式是让客户支付可选服务的全部或者一部分费用。免去一部分费用可以看做是客户与供应商业务往来所获得的积分。仔细规划的客户在不断购买巴克斯特公司产品的过程中逐渐累计自己所能获得的"积分金额"来获取自己所需的大量可选服务、项目和系统。通过这种方式,规划缜密的医院客户可以使用公共资源,即巴克斯特公司的积分金额,来量身定做符合自身特定要求的产品或服务。

重新审核可选服务

接下来,供应商经理应该重新审核现有可选服务,确定是否需要停止销售某些服务,应该选择将其放入标准服务以加强其功能,还是继续作为可选服务。与重新评估标准服务相同,要想评估和建立可选服务清单,首先要有意识地试着精简现有可选服务。某些可选服务曾经为供应商带来了良好的收入,但如果客户不再使用这些服务,就应该取消。同样,某些服务的费用由于科技的发展,所需要的专业技能或产生的风险远远超出了客户的支付意愿,那么这些服务也同样应该取消。例如,由于风险保障的原因,即便客户愿意支付额外的运输费用,大多数生产商也不愿运送桶装溶剂。与缩减标准服务的情况一样,供应商有时会帮助仍有这方面需要的客户从其他的公司进行外购。

有些时候,供应商会把收费可选服务改为标准性服务。如果该供应商在市场中的核心产品是一种日常消费品,那么他们会增强自己的标准产品,从而在竞争中突出自身产品的优势。需要警惕的是,许多供应商认为客户和他们做生意的基础是他们拥有最好的或是最多配套的服务,但实际情况却并非如此。原因是每个细分市场中的客户重视这些服务的程度各不相同。这样的供应商往往需要被迫在标准产品中提供更多不必要的服务元素。

相反,供应商应该将标准产品缩减成为裸产品,然后提供一套选择性服务来供客户挑选使用,而客户公司对于看重的某项服务,或是全部支付,或是使用积分金额奖励来抵消部分费用。客户向供应商购买的产品越多,他们获取的积分金额奖励就越多,从而能购买的服务也就越多。这样不仅能使客户向供应商订做符合他们自身特殊要求的市场产品,而且客户还不必为他们实际上不需要的服务支付费用。为了强调自身服务的价值,供应商可以采用类似巴克斯特公司的做法,在协议的最后承诺以现金的形式退还客户未曾使用的积分金额奖励。

开发新服务,提高灵活性

新增服务的来源是什么?有的供应商依赖自身优势和能力开发新增客户服务。另外一个来源是关注目标客户的成本结构和战略需要。

供应商可以通过为客户提供新增服务,帮助他们降低成本或改善性能。

由于新增服务过去并不存在,因此完全没有客户预期(即那些服务是否应该产生费用)的负担。这样一来,新增服务便成为建立产品投放灵活性的最佳手段。虽然供应商应当尽力保持新增服务的独立性,但他们经常选择不提供或不使用新增服务来强化其标准产品供应。

暂不销售。供应商不增加新服务元素的原因是多种多样的,也许因为客户尚未意识到这种元素的价值,也许因为成本太高,还可能因为要被取代的现有元素仍然能够满足市场的需要。阿克苏诺贝尔工业涂料公司(ANIC)就是一个很好的例子。他们预见到目前涂漆技术存在着严重的环保隐患,并投入了大量的时间和资源研发水性油漆粉刷新技术。

阿克苏诺贝尔公司与客户磋商,将现有的涂漆技术升级为更环保的新型技术。遗憾的是,虽然许多客户对于阿克苏诺贝尔公司拥有的这种能力很感兴趣,但没有人愿意支付额外的费用。阿克苏诺贝尔公司的管理人员认为,只有在出台相应的大量消减溶剂释放的环境法规的时候,客户才会真正重视这种技术。因此,他们决定在客户重视之前暂时不会销售这种技术产品。

增补标准产品。供应商有时会增加新的服务来完善标准产品。供应商根据与客户的关系细分市场时,经理人会寻找新的元素来维护和增进与客户的合作关系。有一种方法是增加新的服务能对客户不断变化的要求提前做好准备并迅速做出反应。大隈(Okuma)株式会社是日本计算机数控机械工具制造商,他们提供了这样一个案例:在一年内,他们对客户实行了24小时内送达配件的承诺保证,然后第二年他们就开始销售有保障的折价项目。公司的管理层认为除了要对一个不断变化的市场做出迅速的反应之外,这种操作还督促他的分销商和雇员更有效率的工作——现在,他们必须明白如何要在24小时之内把配件运送到美国的任何一个地方。这也让销售人员在为推销产品做介绍时，能够带来一些新的有趣的支撑点。

精明的供应商也会在标准产品中增加新的服务来对抗竞争对手。例如，巴克斯特科学产品公司（BSP）工业部门谨慎寻找客户所看重的新服务，这样 BSP 可以做得更好，或是向客户提供比竞争对手更优惠的价格。[8] 由于在标准产品中捆绑销售这样的新服务，BSP 给竞争对手制造了一系列的难题。如果竞争对手降价提供全套产品，那么 BSP 可以将自己特有的服务作为与该公司生意往来的额外好处吸引客户。如果竞争对手试图与 BSP 竞争提供同样的服务，那么他们的成本就会增加，而且也需要时间了解如何提供这种新服务。

有可能放入标准产品中的新元素包括：（1）该元素的大部分成本是在最初的研发和运用过程中产生的；（2）相对真正使用这项元素的客户数量，持续的费用相对变化不大；（3）这项元素的使用在某种程度上降低了供应商自己的成本。

介绍一种增值的选择。提供新的元素可以向客户单独提供他们所寻求的增值选择，也能让供应商迅速判断出客户对新服务、项目和系统的意向。例如，虽然印刷服务商多耐力（R. R. Donnelley）公司的传统业务集中在打印、装订、准备胶卷和预压机上，但公司管理层认为未来的发展和利润来自于创新的服务，比如数据管理、咨询和培训、三维和有声广告、直接营销、版面设计系统以及绘图服务，等等。为了检测它们在市场中的可行性，多耐力把这些服务作为可选服务提供给客户。

破"旧"

我们的管理实践研究显示，许多经理人热切渴望革新，但会考虑竞争对手会如何应对。他们相信，竞争对手也在寻求赢利能力的提升，只是不会真正实施更加灵活的市场产品供应。此外，这些经理人还存在时机和纪律方面的担心。在分析这两方面担心之前,我们不妨把破"旧"作为反抗竞争对手可疑的平等化要求的一种手段。

破"旧"的一种方式(对于包含在标准产品供应中的服务同样有效)是在服务的基础上保障成果。企业营销的服务项目越多、越复杂,其竞争对手越可能叫板"我们也能做到"。发生这种情况时,精明的营销人员便将服务主张转变为服务保证。例如,当日本大隈公司的竞争对手开始向客户承诺快速交货时,大隈则推出了 24 小时送货保证。如果客户定购了一个零件,而零件没有在 24 小时内送货,那么客户可免费获得该零件。格瑞夫公司引入有保证的成本节约计划,将大隈的保证又延伸了一步。如果客户要求在价格上享受 5% 的折扣,供应商则保证想方设法帮助客户节约至少 5% 的成本。这一保证正式写入书面合同。如果客户未能实现 5% 的成本节约,格瑞夫同意支付差价;反之,如果客户所节约的成本超过了 5%,则全部无偿归客户所有。迄今为止,格瑞夫对客户的保证从未出现任何差池。不仅如此,管理人员发现,这也是摆脱客户讨价还价的好办法。

清楚何时破"旧"并实施更加灵活的产品供应是比较困难的。选择做"第一个吃螃蟹的人"是否有好处?还是紧跟其后更明智?要首当其冲打破行业规范,供应商必须树立不可动摇的决心,并甘愿承受一切后果。其实,企业可以采取过渡性策略,即选择一两种方式试行灵活的市场产品供应:(1)新增两种服务,但只作为备选;(2)从当前行业标准产品组合中选取两种服务,将它们剥离出来,更改为额外收费的选择性服务项目。逆行业惯例而行之是行业规范转变的第一步。

许多公司不愿实施灵活的市场产品供应,因为他们害怕因为要求客户为选择性服务支付额外费用而失去部分客户。其实,管理人员可以采用那些已经实施灵活产品供应的公司所奉行的哲学,这样就会发现,虽然他们损失了一些客户,但同时也赢得了新客户,因为他们现在的产品供应在价格合理的前提下，更加贴近客户需求。已经实施了灵活产品供应的其他供应商发现，由于他们把资源集中投入在最珍视这些资源的市场与客户身上，因此得到了更好的回报。

破"旧"的时机也是供应商一直担心的问题。阿克苏诺贝尔公司大约10年前在欧洲开始实行客户贡献赢利能力的方法。由于服务升级以及为获得所提供价值的等值回报所进行的重新定价，不仅是业内首创，而且在公司内部颇受争议，阿克苏诺贝尔决定首先在荷兰和德国进行试点，因为这两个国家是它的"大本营"市场，而且阿克苏诺贝尔品牌在这两个国家也最强势。后来，这一方法推广至北欧。南欧作为最后一站，是最难以征服的市场，因为销售人员预计提成会下降，因此抵制这一新方法。虽然阿克苏诺贝尔在减少了免费服务项目之后损失了部分客户，但总体来看，公司坚持不懈的努力最终带来了稳定的销量，赢利能力亦大大改善。

成功破"旧"需要考虑的最后一个主要因素是：供应商必须遵守纪律，在灵活产品供应的强制性框架内进行操作。始终遵守这一纪律要求供应商培养高难度的客户沟通技巧——巧妙地向某些客户说不。灵活的产品供应为客户提供了各种可控选择，然而对于妄图以不合理的价格享受全套服务的客户，供应商必须学会拒绝。

不掌握这一技巧，所谓灵活产品供应就会被打回"原形"，即相当于供应商向客户提供免费服务。如果这一技巧应用得当，便会为供应商树立起"坚定、公平、始终如一"的良好业内声誉。现在还不开始破"旧"，更待何时？

量身打造：道康宁公司与 *Xiameter* 商业模式

美国道康宁（Dow Corning）公司是一个值得关注的量身打造市场

产品或服务的案例。[9]2000年,他们向客户提供7 000种不同的产品,而各种各样的附加服务均为捆绑销售。尽管道康宁的硅酮占全球市场份额的40%,处于领先地位,但是其竞争对手的产品成本较低,因此会低价销售各自的产品。面对这种情况,道康宁并没有以降低产品价格的方式与竞争对手抗衡,而是决定反击。它首先进行调查研究来评估客户真正重视的是什么。

详尽的客户研究揭示了以下四个客户细分:

1. 寻求创新的客户——客户研制高技术发展水平的产品,创建先进的科技,开发新的市场。以创新为重心的客户致力于率先销售运用新科技的革命性产品。为了确立新的科技市场地位,他们在寻求发展与突破。

2. 寻求更高生产率的客户——客户寻求现有性能得到验证的产品。他们需要帮助从而提高产品的采购、使用和处理。从跟踪订单、处理材料,到处理辅助设备和修理故障,他们需要可靠的供给,最短的停工期,还有在全世界都可用的方案。

3. 寻求降低总成本的客户——客户寻求最佳供应链来降低成本,改善服务。客户还需要卖方经营的详细目录、材料包装、试用期费用研究、供应链分析等服务支持。

4. 寻求更优惠价格的客户——发展比较成熟的行业中,客户需要最优惠价格的材料与服务。他们购买大量的现有产品,不需要服务,但是要求产品质量高、可靠性强、价格低,以此来提高成本效率。

客户研究报告使供应商了解到最后一个细分并不看重道康宁所提供的附加服务。但是,附加服务是和产品捆绑销售的,也是有成本的,所以这种裸方案对最后一个细分而言太贵了。因此可以理解这个细分客户会拒绝支付这种服务并且压价。但是只是为这个细分降低价格而不改变基本的产品是会带来问题的，因为其他三个细分看重这种服务的客户也会要求降价。所以，量身打造市场产品势在必行。

2002年，针对寻求低价的客户细分，道康宁成立 Xiameter 全资子公司。子公司意识到，其价格需要降低 15%—20%，这在业界是相当大的降价幅度。即使向客户提供服务的成本按比例有所降低，也必须保障利润。而且，这种方式不能对其他三个细分的现有销售额产生影响。结果如何呢？Xiameter 以价格导向客户为目标，他们每年采购硅酮材料的支出高于50 000美元。为提高成本效率，吸引这类客户，市场产品和价值取向最终确定如下：

- 与道康宁的快速送货保障有所不同，Xiameter 承诺自下订单之日起七天至二十天内运送到货。这让 Xiameter 在道康宁有闲置产能时安排订单。
- Xiameter 并不提供科技服务。这意味着 Xiameter 不必投入花费较高的服务能力。
- Xiameter 并不向客户提供具有弹性的订单。根据产品，客户必须订购整车，整罐或托盘装车。这让 Xiameter 的物流能高效运营。
- 客户可以登录 Xiameter 网站订购产品。电邮或电话订购，每份订单要支付 250 美元。这样减少了客户的业务费用。
- 运送日期一旦确定是不能改变的，除非客户愿意额外支付总费用的 5%。加急送货服务需要多支付 10% 的费用，而取消订单要支付 5%的违约费。所有这些都会让生产计划更具预见性。
- 付款期限规定非常严格——30 天，降低了流动资金需求。

- 可提供的产品种类限制为 350 种现成产品,和通过道康宁可选择的 7 000 种形成鲜明对比。这样做减少了同类产品的竞争,从而把重点放在道康宁要面对的竞争对手提供的低成本产品上。
- 产品若无质量问题,不予退还。
- 全球定价仅以六种主要货币为准,货币与汇率风险得以控制。

为强调产品的等效性,Xiameter 向客户提供有效化学制品证书,证明它所推出的新款产品与道康宁产品具有等效性。因此,核心产品完全相同,不同的是附加服务。

这样的结果非常适合 Xiameter。在这项方案推出的第一年,该公司同类产品之间的竞争是其预测的一半。只能通过网上订购的方式将它的价格降低了 15%—20%,同时也避免了几项成本支出——比如技术服务、销售人员费用及库存成本,同时物流和生产成本得到优化。除此之外,因为要支付的账目减少且库存较低,流动资金需求降低。整体来说,这些成本节约带来了可观的效益。而且,通过利用道康宁生产线上的闲置产能,Xiameter 也提高了道康宁的整体运作效率。

自启用该商业模式以来,Xiameter 为道康宁销售额的增长做出了极大贡献——从 2001 年的 24 亿美元增至 2005 年的 39 亿美元。同一时间内,道康宁从亏损 28 亿美元到盈利 5 亿美元——这是巨大的转变。除带来巨大的经济收益之外,道康宁和 Xiameter 推出的双品牌产品战略也有助于客户更加清楚地看到道康宁产品的价值。客户会观察研究每一种品牌不同的价值取向和产品,有助于他们在购买产品时做出更加稳妥的决定。针对客户的不同要求和偏好量身打造道康宁市场产品/服务,为道康宁公司和客户实现了共赢。

第六章　从销售人员到
价值贩卖商

销售以价值为基础，而非价格

把价值拱手送人不需要任何特殊技巧。然而，在为客户实现价值的基础上获取公平合理的回报是市场团队，尤其是销售团队的责任。销售团队对于业务市场上大多数企业来说意味着相当大的一部分成本。如果销售团队仅仅以价格为基础进行销售，那么供应商销售成本的合理性便得不到证实。不幸的是，这种做法在销售人员中司空见惯——他们并非为供应商所提供的价值争取合理回报，而是为客户争取更低的价格。

本章将对价值贩卖商和价值挥霍者加以比较。我们认为，虽然销售人员在利润的基础上提成是必要的，但这样做并不足以使他们转变为价值贩卖商。本章结尾的案例研究将告诉读者，美利肯公司（Milliken）是如何将其销售团队转变为价值贩卖商的。

价值贩卖商与价值挥霍者

价值贩卖商往往清楚地认识到供应商自身成本以及供应商产品或

服务对客户的价值,并努力为供应商和客户公司争取公平回报。价值贩卖商和常见的价值挥霍者有着天渊之别。后者只会肆意挥霍供应商产品或服务所包含的优势价值,为供应商争取的回报却寥寥无几。在"你的销售人员是价值贩卖商还是价值挥霍者"的测评中,我们提供了一系列成对的描述,分别体现了价值挥霍者和价值贩卖商的特点。通过诚实地选择对自己的销售人员最确切的语言描述,你可以判断出,他们在多大程度上属于价值贩卖商或者价值挥霍者。

你的销售人员是价值贩卖商还是价值挥霍者?

从以下每一对描述中,选择对你的销售人员最确切的描述。然后把选择出的语言描述结合在一起,即是你的销售团队现状。

我们的销售人员:

1. 寻求薄利多销是他们的家常便饭;还是始终在价格不变的基础上争取更多业务。

2. 向客户承诺优势价值,而无数据支持;还是向客户展示并以数据证实优势价值的存在,并用具体金额将优势价值表示出来。

3. 注重销售人员薪资方案中销售收入/销量指标;还是注重其中的毛利/利润指标。

4. 在产品或服务无变化的情况下降价;还是只在产品或服务未达到客户成本节约目标时降价。

5. 抱怨自己公司产品服务价格高;还是对公司产品或服务的优势价值缺乏有力证据感到不满。

6. 为确保交易成功,免费提供附加服务;还是战略性地利用服务,派生出更多业务。

7. 倾向于为锁定当前交易,快速做出价格让步,以便继续寻求其他业务;还是在谈判中坚守自己的立场,捍卫每笔交易的利润率。

8. 认为管理层追求以量为主导的战略;还是相信管理层追求以价值为主导的战略。

9. 主要在与竞争对手的价格比较基础上进行销售;还是主要在与竞争对手的客户拥有成本的比较基础上进行销售。

10. 辩解说客户只关心价格;还是相信客户寻求我们的产品或服务在价值上的提升。

当然,销售人员的薪资报酬在很大程度上决定了他们成为价值贩卖商抑或价值挥霍者。但是,许多供应商在制定销售人员薪资机制时,往往难以如愿以偿。有一篇管理实践方面的经典文章,题目叫做"奖励 A 却妄想 B"(*On the Folly of Rewarding A , While Hoping for B*)[1]。供应商恰恰是在奖励销售收入或销量,却妄想保障利润。要想把销售团队转变为价值贩卖商,供应商所制定的销售人员薪资机制就必须把价值销售行为和利润指标作为衡量标准。要想让销售人员自觉使用价值计算器和价值记录器工具进行销售,就必须让他们亲眼看到,这类工具是如何轻松实现销售,从而增加销售提成的。以销售利润作为销售人员薪资设定的基础,把以展示并用数据证实优势价值的业务模式和为此获得公平回报结合在一起。

许多企业的确把利润指标当做销售人员薪资评定的指标之一。但可惜利润指标相对于销售收入或销量的权重往往不足以把销售人员目光从后两个指标上转移开来。这一权重比例也许恰恰反映了管理层对企业所应该追求的目标混淆不清——对于产能闲置、造成巨大浪费的企业而言,这种情形尤为突出。然而,只有当管理层摆脱这种混淆,使利润指标权重远远大于销售收入或销量指标,才会对销售人员的销售行为产生深刻影响。某化学品公司将销售激励机制中的毛利指标增加至60%,其中一位管理人员告诉我们:"这简直就像给销售人员输了血一样!"此前,如果其产品价格比略逊一筹的竞品价格每磅高出6美分,销售人员往往提交竞价申请,寻求向客户做出价格让步。而现在,据这位管理人员称,销售人员在同样情况下,会向客户展示更多材料,证实6美分差价存在的合理性。

然而,无法否认的是,部分企业所追求的战略以销量为依托。问题是如何在实现销量目标的基础上保障利润。我们不妨回顾一下著名的Composites One公司案例。Composites One是为玻璃纤维和增强塑料制造商提供复合材料及设备的领先分销商。而制成的玻璃纤维和增强塑料则用于航海、国防与运输用途。Composites One公司的销售人员薪资机制由较为优厚的底薪和大比例奖金构成,其中提成是底薪的50%到100%。奖金以每一位销售人员在其销售区域所实现的毛利总额为基础进行计算。这一毛利总额,扣除销售人员可直接控制的费用,以及该销售人员名下客户所产生的任何坏账后,即为调整后毛利总额。调整后毛利总额在销售人员奖金评定中所占比重为8%到10%,具体比例取决于销售区域的大小和名下客户数量的多少。Composites One公司通过实施这一销售薪资机制,清楚地告诉销售人员,虽然销量非常重要,但毛利总额才是主导。

为确保销售人员运用价值销售技巧,供应商除在销售人员薪资机制中设置利润指标外,还可以设置一项行为指标。任何技巧,无论学习得多么透彻,如果不进行定期实践,一样会生疏退化。久而久之,销售人员对自身能力的认识便会出现衰退,更加不情愿使用价值销售工具。因此,关键的一点是,销售人员始终从行为上展示出,他们不断运用价值销售工具并不断提升价值工具运用的娴熟度。

在SKF公司,销售人员奖金的50%以个人目标达成——如备案解决方案项目（DSP）达成、区域销售增长、产品投放——为基础进行计算。（DSP 是一种展示为客户实现的价值，并将该价值进行备案的工具。）另外 50% 以总价值增值为基础进行计算。总价值增值指的是扣除资本成本之后的净利润，按区域、业务单元和部门业绩，分别进行计算。有趣的是，SKF 把销售人员使用 DSP 工具量化金额的工作任务的个数，作为奖金的衡量指标之一。SKF 相信，个数比实际货币金额更加重要，因为公司希望自己的销售人员把 DSP 工具作为日常销售行为的一部分。

罗克韦尔自动化公司的销售工程师薪资机制包括底薪加奖金。作为业绩审查的一部分，每一位销售工程师必须按照要求，使用 TCO 工具箱——一种展示并记录客户价值的互动式笔记本电脑软件程序，对指定的总体拥有成本（TCO）项目进行评估。评估结果所生成的 TCO 案例，用来展示对客户了解以及 TCO 分析工具认识的加深，而这也是奖金的衡量指标之一。

有能力并且愿意销售价值的销售人员

为使我们的销售人员有能力从事价值销售，我们应该为他们做些什么？为什么我们的销售人员理应热情高涨地从事价值销售？要在业务市场上取得成绩，每家企业的总经理和高层管理人员都应该有能力提出并令人信服地回答上述问题。然而，我们却不止一次发现，这些问题并未得到解答，从而阻碍了销售的赢利增长。无法令人信服地回答这些问题，高级管理层有权期望销售团队转变为价值贩卖商吗？

有些管理人员错误地认为，有了恰当的销售人员薪资机制，再加上定期以升职或销售竞赛鼓舞士气就万事大吉了。事实上，我们认为，供应商同时还必须做好另外两个方面的工作，才能使销售人员主动进行价值销售。一方面，供应商必须首先并定期提供价值销售的实地销售体验;另一方面,供应商还必须建设并保持崇尚价值销售的企业文化。

然而,有意愿而无能力进行价值销售也是枉然。有些管理人员过于相信价值销售培训课程,认为销售人员通过轮流扮演客户角色进行销售演练,就可以掌握价值销售所需的任何知识和技巧。我们认为,价值销售能力取决于经过测试的销售流程和以价值为基础的销售工具的应用。发起并定期进行价值销售实地销售体验,不仅能够强化销售人员进行价值销售的意愿,同时提升了他们价值销售的能力。

培养价值贩卖商

虽然,许多企业已经开始推行价值销售,但多数发现效果并不尽如人意。销售人员的转变并非易事;他们往往对新的销售模式持怀疑态度。我们在管理实践研究中发现,在价值贩卖商培养的每一个必要层面上都做的出色的企业寥寥无几。接下来,我们将与读者一起分享,那些抓住了价值销售精髓且成功把销售团队转变为价值贩卖商的企业的宝贵经验。我们在这些企业的经验基础上,总结出了将销售人员转变为价值贩卖商的框架。

创建价值销售流程和以价值为基础的销售工具

说服销售人员放弃价格销售,转向以展示并用数据证明优势价值为基础的销售模式,关键在于尽早并积极地使销售人员参与进来。多邀请几位表现积极的销售人员加入客户价值研究项目组,才是根本途径。这些销售人员参与同化点和异化点的定义、文字价值方程式的创建,然后实地收集客户数据。有了这些经验丰富的销售人员在每一个环节的参与,最终得出的价值计算器和价值记录器不会使销售团队感觉像高层硬压下来的"黑匣子"。相反,这些销售工具是由他们的同事参与创建并支持的销售工具。他们的同事相信客户价值管理模式,并带头向其他销售人员解释,为什么应该使用这类工具。价值销售流程的创建与试行,亦同此法。

由德高望重的销售人员组成的内部顾问委员会——销售委员会,可以在争取销售团队的承诺与支持方面发挥重要作用。罗克韦尔自动化公司积极邀请销售委员会参与销售工具和流程的设计与推广。除 TCO 工具箱之外,公司还有一个报告流程,要求销售人员提供以下信息,包括他们的客户拜访次数、接触的客户方经理人数、牵头进行的销售演示汇报、所做的 TCO 分析,以及他们所争取到的定单数量。由于销售委员会较早的参与,委员会成员愿意向销售团队积极宣传这一报告流程的好处,并向销售团队展示,这一报告流程为何值得采纳。销售委员会还会就 TCO 工具箱的使用方法和时机,为销售同事提供建议。销售委员会较早地参与,从根本上推动了罗克韦尔销售工程师对这一流程和工具的成功实施与采用。[2]

价值销售流程。 富有市场洞察力和销售技能的销售人员往往会自然而然按照某种系统的流程调查客户需求及偏好,在此基础上进行总结并提议相应的产品或服务来满足客户需求及偏好,向客户展示相对于竞争对手的优势价值,通过客户谈判争取公平的销售价格,然后确保企业兑现销售人员对客户的承诺。建立价值销售流程的目的在于,使原有概念清晰化、完整化,确保市场洞察力和销售技能相对欠缺的销售人员通过沿用这一流程同样可以取得不俗的业绩。肯纳金属公司(Kennametal)在建立价值销售流程方面堪称典范。

肯纳金属公司是世界领先的模具、设计零部件和高级材料供应商。其产品应用于客户生产流程中。价值销售的重要性部分来自肯纳所销售的产品。对于典型客户,模具成本只占总生产成本的 2%—4%。因此,肯纳产品和服务对于客户的价值并不在于降低模具成本,而在于使用模具提高客户生产率,从而带动其他 96%—98% 的生产成本的降低。事实上,如果肯纳金属公司的客户价值取向是降低只占客户成本 2%—4% 的磨具费用,那么肯纳的销售代表根本没有机会见到客户工厂的管理层。因为这一价值取向的重要程度根本不值得客户工厂管理层耗费任何时间和精力。然而,如果价值取向涉及通过调整磨具费用降低占总生产成本等于甚至超过 10% 的那部分成本,那么肯纳的销售代表获得工厂管理层关注的几率就大多了。

　　肯纳金属公司发现,全球价值销售流程作为一种统一的可靠的可重复性流程,不断完善着公司与客户之间的业务开展方式。这一流程使得最佳实践经验在公司范围内得以分享和推广,有助于提高客户忠诚度,增加销量。该流程包括 6 个步骤:

1. 目标客户
2. 挖掘客户需求
3. 为客户打造个性化价值取向
4. 制订详细销售计划
5. 一丝不苟地执行销售计划
6. 广纳建议,适当调整计划

　　这 6 个步骤成环形排列,凸显肯纳公司流程的持续性。环形中央为"积极进取的理念:拒绝失败、毫无保留地分享",强调 100% 分享其目标客户的购买需求,只要实施恰当,公司将永远立于不败之地。

　　价值销售工具。正如第四章所述,管理层必须用有效的工具武装销售团队,使其向目标客户展示并用数据证实产品或服务的优势价值,并令目标客户信服,从而影响客户方经理对于该产品或服务的公平价值回报的认识。我们前面已经重点介绍了价值计算器和价值案例历史记录两种销售工具。其实,无论这些工具的形式如何,它们必须向客户提供证明供应商产品或服务优势价值的令人信服的证据。所谓证据应以事实或数据为基础,而且应该准确反映客户的业务。如果条件充分,这一证据应以货币金额的形式表现出来。

说服潜在客户尝试购买某供应商产品或服务的一个绝妙方法就是与他们分享其他客户使用同一产品或服务的体验。无论价值案例历史记录中客户名称是公开还是匿名,都不会影响这些记录在潜在客户心目中的可信度。这一点不是单靠供应商"王婆卖瓜"所达到的效果。对客户价值的了解是一种可以循环利用的资源。因此,价值贩卖商在为客户记录价值,逐渐形成对客户价值认识的同时,也发现无论是他们自己还是同事,都可以随时从价值案例历史记录中把相关记录提取出来,重复使用。

总部设在荷兰的资信利(Getronics)公司是一家信息与通信技术解决方案与服务提供商(年销售收入超过 41 亿欧元)。这家公司为其每一位销售代表配备了一套名为"简单的沟通,实用的解决方案"的 DVD 光盘。这套光盘包含一系列描述公司历史沿革及解决方案的专业制作的视频、两份展示材料和来自对客户的多项案例研究。在拜访潜在客户时,销售代表可以对视频进行消音之后,亲自上阵做产品陈述,也可以把光盘留给客户在方便时自行观看。

虽然价值案例历史记录工具效果极好,但同样面临任何数据库都会面临的挑战,即如何保持新鲜度、时效性与活力。因此,一劳永逸是不可取的。必须鼓励销售人员不断使用、更新、完善价值案例历史记录数据库。这正是 GE 基础设施集团水处理及工艺过程处理公司等模范企业所擅长的。过去 10 年在实现客户价值取向方面一直处于先驱地位的 GE 基础设施集团水处理及工艺过程处理公司,始终坚持使用价值创造计划(VGP)流程和工具,记录其解决方案为客户实现的实际价值。这促使其前线员工与客户密切合作,了解客户业务,规划、执行并记录对客户产生最大价值影响的项目。在线跟踪工具使得 GE 基础设施集团水处理及工艺过程处理公司和客户方经理均可轻易监测项目的执行以及每个项目成果的记录。由于 GE 基础设施集团水处理及工艺过程处理公司从 1992 年便开始使用价值创造计划，该公司已经累积了超过 1 000 项案例历史记录，为客户实现成本节约总额为 13 亿美元，减少用水量 140 亿加仑，清除废料总量 550 万吨，降低二氧化碳释放 480 万吨。

除掌握价值销售工具以外，经验丰富的价值贩卖商还会使用价值积累工具作为补充，记录从始至终为客户实现的所有价值。如果客户询问供应商销售人员："你们最近成果如何？"价值积累工具会为后者提供积极的答案。这类问题在客户回顾会议上司空见惯。精明的供应商发明并训练其销售人员学会使用这一工具，帮助销售人员跟踪记录为客户实现的每一笔价值，避免遗漏。

无论价值销售工具多么巧妙，只要销售人员没有能力使用或用起来不顺手，最终也只能被闲置。如果销售人员不相信这类工具会帮助他们赚更多钞票或降低销售难度，结果也一样。因此，英明的管理层往往会确认销售人员最初使用这类工具取得成功，而且他们会坚持下去。

启动并始终沿用价值销售模式

大多数销售人员是在销售会议上初次接触价值销售工具，并迈出成为价值贩卖商的第一步的。他们在销售会议上了解公司设计的流程和工具。希望提倡价值销售的号召来自积极参与相关流程和工具的开发及测试的德高望重的销售人员。下一步就是销售培训，以便销售人员进一步了解这些流程和工具，并学习如何使用它们。但他们必须通过实际应用，方能提升使用技巧，变得越来越娴熟。只要他们经常实践，他们对这些流程和工具的应用会日益得心应手。必要时，他们还可以请求客户价值专家的支持。

为强化销售培训的效果,首先必须强调实施价值销售的原因所在。SKF 公司发现,由于销售人员早已对技术销售习以为常,因此提供价值销售的成功案例与技术销售的失败案例相对比,特别能够抓住参加培训人员的注意力。例如,组织培训的销售经理可以首先与大家分享案例:某 SKF 销售人员出色完成技术销售,却由于价格原因失去了业务机会。然后询问参加培训的销售人员,该业务机会丢失的原因以及如何避免重蹈覆辙。SKF 的成功案例凸显了使用 DSP 工具的三大成效:(1)销售人员的销量增加;(2)业务成交率大幅上升至 50%—60%;(3)鉴于客户方经理内部提交的 DSP 报告已经证实了价值回报的合理性,销售人员从价格战中解放了出来。

销售人员通常通过销售培训过程中安排的分角色练习首次体验价值销售工具的使用。一位销售人员扮演客户,另一位扮演销售人员,然后角色互换。这类练习中的角色设定必须符合实际,且有代表性,方能实现其练习价值。SKF 确保所有客户角色的编排均取材于真实客户案例。分角色练习结束后,会有专人对参与者的表现做出评价,对他们的优缺点一一进行讲解。

为销售人员提供价值销售的初步成功经验。无论角色练习多么接近实际情况也无法与实地演练的效果相媲美。正是由于这一差别,致力于把销售团队转变为价值贩卖商的供应商会在销售培训结束后,安排与客户的实战演练。在实战演练过程中,销售人员会获得直接的销售辅导与销售支持。提供这种辅导和支持的可以是客户价值专家或者经验丰富的销售经理。

SKF 公司安排其"区域价值辅导员"与销售人员一对一进行联合客户拜访。每次联合拜访持续一周时间。在这一周时间里,两人一起使用 DSP 工具拜访客户,而销售人员在拜访中逐渐占主导地位。如此一来,销售人员通过切身体验,建立起信心,而且对 DSP 工具的使用也越来得心应手。其实,区域价值销售辅导员和销售人员之间建立关系的机会还有很多,比如在开车拜访客户的路上或者社交晚场。通过这种关系的建立和增进,销售人员在遇到任何问题或担忧时,会主动打电话向辅导员寻求帮助。

鹰图公司曾编写了软件产品说明书,供工程总承包(EPC)公司和自营工厂主参阅;说明书描述了软件的应用与优点,并配有匿名及非匿名客户的价值案例历史记录作为数据支持。鹰图管理层希望销售人员使用这一说明书作为价值销售工具,向工程承包公司展示使用鹰图软件可以帮他们赚钱,同时向自营工厂主展示使用鹰图软件在 12 个月或更短时间内可以实现的成本节约。鹰图针对客户价值取向以及如何将价值取向应用于潜在客户,对销售人员进行培训。

在销售培训基础上,鹰图全球业务发展部执行董事弗兰克·卓普(Frank Joop)还会陪同销售人员进行联合客户拜访,帮助他们理解如何传达客户价值取向并使客户信服,以及如何使用产品说明书作为销售工具。近期某成功案例证实了这种销售支持的有效性。中东是鹰图寻求业务增长的目标市场之一,其中沙特 Aramco 公司是其潜在大客户。卓普同销售人员一道准备客户拜访材料,强调着眼点应放在产品价值上,而不是单纯销售技术本身。在准备过程中,卓普模拟理想的客户价值取向定义,并回答销售人员提出的问题。在共同努力下,他们成功争取到了这单生意,同时说服沙特阿美(Aramco)公司作为他们的参考客户。在此基础上,中东地区的沙特 Sabic 公司也成为鹰图的客户。卓普相信和销售人员一起准备客户拜访材料并赢得客户,是说服他们从事价值销售并使用价值销售工具最有效的方法。

确保销售人员持续开展价值销售。如前所述,为确保销售人员持续应用价值销售技巧,供应商可以把价值销售行为作为除利润增值之外的另一个指标,引入销售人员薪资机制。这一薪资机制激励销售人员不断使用价值销售工具,并提升价值销售工具的应用技巧和娴熟度。SKF公司和罗克韦尔自动化公司等企业在这方面堪称典范。但我们需要强调的一点是,把价值销售行为作为薪资评定的指标之一,只是激励销售人员实施价值销售的一个方面。

除业绩回顾和奖励机制要求之外,罗克韦尔的销售工程师持续应用TCO工具箱还有另外一个原因,即他们坚信,这样做的确提高了销售效率。正如几位罗克韦尔销售工程师如下所述:

> 对我们来说,使用 TCO 工具箱的好处是,从长期来看,它减少了销售时间。学习如何进行 TCO 分析固然需要时间。收集数据、输入模型同样耗费时间,尤其是客户手头没有现成数据或不情愿把数据透露给销售人员时,更是如此。但使用有效的 TCO 工具相比传统的"产品特点与利益点"销售模式节省了总体销售时间。事实上,传统销售模式的销售周期要长得多。例如,传统销售模式通常需要三次到四次客户拜访才能达成销售目的,时间跨度为几个月。而 TCO 分析大大缩短了销售周期,同时明确指出成本节约的来源。TCO 分析提升了可信度。还有一点,客户一旦亲眼看到 TCO 工具箱中的数据及数据所说明的问题,他们会更加乐于同供应商分享更多数据。[3]

供应商一旦把价值销售工具的使用作为其销售人员日常销售活动的一部分,不仅可以防止价值贩卖商堕落为价值挥霍者,还可以不断强化销售团队的价值销售能力。轴承及其他工业用品的领先转售商——应用工业技术公司(Applied Industrial Technologies)的做法便是一个典型的范例。该公司开展销售的基础是"价值增值记录"(DVA)程序。该程序要求销售人员记录下客户使用公司专利软件产品——客户可通过应用工业技术公司内网获取该专利软件产品——所获得的每一笔价值。一旦价值得以实现,销售人员将记录在案,编辑 DVA 报告。DVA 报告总结销售人员为客户所做的所有努力,并对公司为客户实现的成本节约做出估计。然后,销售人员在年底将该报告提交客户。需要注意的是,客户方经理必须对该报告进行签署,确认应用工业技术公司当初的价值承诺已经兑现。自启用以来,DVA 程序已经记录了该公司为客户实现的超过 10 亿美元的价值!

DVA 程序已经成为应用工业技术公司销售人员日常销售活动不可分割的一部分,主要体现在以下几个方面。销售人员利用 DVA 报告建立客户忠诚度,为将来业务量的增加打下基础。DVA 为销售人员提供数据支持:"去年,贵公司从我公司购买了价值 20 万美元的维修与操作设备,从而节省了超过 8.5 万美元的成本,该成本节约已记录在案。"据销售人员称,这不仅消除了提价 3%—4% 的阻碍,即使在竞争对手进一步压低价格的情况下,应用工业技术公司还是成功获得了这单生意。销售人员明白,客户方采购经理必须完成既定成本节约目标。而成本节约记录恰恰有效帮助他们向上级展示,他们已经达到了企业成本节约的目标。也就是说,应用工业技术公司的销售人员帮助他们获得了相应的奖励。

DVA 报告还可以协助销售人员锁定并获取新客户。销售人员可将 DVA 报告按照客户公司、区域和行业进行分类,进而对某客户公司各区域、各分部的 DVA 报告进行评估,分析某个区域的成功案例是否可以在其他地方得以复制。销售人员可以拿着这些报告分析拜访客户公司其他分部,告诉那里的管理层:"我们正在为贵公司其他分部做 X。这是我们为其实现成本节约的 DVA 报告。我们有信心为贵分部实现相同的成本节约。"销售人员还可以将各行业的 DVA 报告综合起来,掌握行业格局,然后拜访该行业的潜在客户,提出为其实现同等成本节约。

正如上述应用工业技术公司案例所述,记录为客户实现的实际价值是对产品或服务优势价值的证明，会为客户方经理和供应商双方均赢得赞誉。不过，价值贩卖商型企业对此尚有其他用途。通过跟踪产品或服务为客户实现的价值以及部分基本分析，诸如应用工业技术公司等价值贩卖商企业会更加深刻地理解，产品应用、客户能力以及使用条件的差异会对价值实现产生何种影响。销售人员可以利用这些分析结果，识别潜在客户，并将其进行优先排序。时间对销售人员来说是稀有资源，他们喜欢以结果为导向的指导，为自己以及公司获得最佳回报。而且，销售团队管理层可以利用更新数据库，进一步细化并延伸现有市场细分机制。当销售人员亲眼看到，他们在展示并记录优势价值方面所做出的共同努力简化了下一步销售任务且提高了销售效率，他们自然会更加拥护价值销售工具的使用。

最后，供应商在将其销售人员转变为价值贩卖商的过程中，常常会培养出若干名价值专家，如 SKF 公司的区域价值辅导员，不仅可以帮助销售团队理解客户价值管理模式的内在逻辑，强化销售人员驾驭价值销售流程和工具的能力，同时可以作为销售顾问，从事特别客户价值评估。罗克韦尔的销售工程师在做 TCO 分析时，往往范围狭隘，且仅仅关注客户感兴趣或担忧的主要环节来展示这些环节上相对竞争对手的异化点。这类分析的确无法细化至所有成本项目或客户生产流程的所有环节，而是仅仅关注主要方面。如果客户要求或请求供应商提供更加细节和深入的分析报告，销售工程师便向罗克韦尔内部顾问团体的 TCO 顾问求助。顾问编写细节、深入的分析报告所收取的费用，可能由客户支付，或者记入罗克韦尔销售和产品营销两大部门的成本。

营造并保持活跃的价值贩卖商文化氛围

希望其销售人员成为价值贩卖商的企业，需营造并保持活跃的价值贩卖商文化氛围。销售人员可以被看做价值贩卖商，他们所在的企业也同样可以。这类企业以展示并记录为目标客户实现的优势价值为基础开展业务。他们凭借上述销售流程和销售工具,在整个企业中树立这种理念,营造这种文化氛围。然而,高级管理层在向企业全体员工及客户积极传达价值贩卖商理念和文化时,必须把眼界放宽。销售人员的头衔和授权、市场沟通以及企业各种庆祝会,都可以作为传达并保持价值贩卖商文化理念的途径。

用销售人员头衔强化价值贩卖商文化。销售人员的头衔对于他/她本人对自己的看法有着微妙而深刻的影响,同时也向客户传达了企业的整体理念与销售理念。部分先进的供应商发现了这一点,并利用它营造并保持活跃的价值贩卖商文化氛围。我们不妨参考一下固安捷和Peopleflo制造公司的案例。

在研究了一系列潜在价值驱动因素之后,固安捷终于认定了一个独特的定位,即协助客户更好地管理偶然发生的、计划外维修与操作设备(MRO)采购,因为这类采购在客户采购总预算中所占比例通常失调。据此,固安捷创建了名为"固安捷价值优势"客户价值取向,协助客户整合偶然发生的、计划外维修与操作设备采购定单,从而大大降低了这类采购的总成本。固安捷在计划外维修与操作设备采购方面,为客户提供一站式服务,因此客户无须对极少用到的设备做库存。不仅如此,固安捷还通过降低客户对于稀缺产品的采购成本,帮助客户提高了生产效率。随后,固安捷设计了价值销售流程和价值销售工具,帮助销售人员推介该价值取向。作为其中一部分,固安捷给能力突出的销售精英冠以"专业价值销售代表"的头衔,突出他们与众不同的地位与特权。

要想成为"专业价值销售代表",销售人员首先必须参加为期四天的固安捷价值优势训练营,学习并锻炼价值销售技巧。训练营课程结束两周后,每一位销售人员要再次集结,把事先精心设计的客户价值取向展示给由销售经理组成的评委会进行评审。销售人员必须证明,自己对固安捷的价值取向了如指掌,有能力将该价值取向与具体客户的业务问题相联系,创建令人信服的客户价值取向,且能够提供充足的证据,支持这一客户价值取向。评委会的销售经理们会设置各种障碍,挑战价值取向的各个层面,请销售人员来应对处理。如果评委会判定某销售人员过关,他即可成为"专业价值销售代表";否则,销售人员必须返回训练营接受进一步训练。固安捷管理层把专业价值销售代表培训与评审活动搞得有声有色,借此展示企业打造价值贩卖商的决心,凸显成为专业价值销售代表的意义。

Peopleflo 制造公司自创立以来便始终坚持,在展示并记录其泵机产品为客户所实现的优势价值从而获得公平回报的基础上开展业务。公司的客户——其中不乏加工行业德高望重的大公司——决定降低泵机成本。他们注重采用系统的方法解决问题,采用以事实/数据为基础的方法评估各种品牌泵机的生命周期成本。Peopleflo 高层追求价值贩卖商理念与文化的一个明显表现就是其销售人员的头衔:客户价值经理。这一头衔体现出客户期望 Peopleflo 销售人员为他们提供咨询意见,帮助他们计算 Peopleflo 泵机相比略逊一筹的竞品所能实现的价值或所能节约的操作成本;证实某资本投资或维修费用的合理性;或与同事分享投资回报成果。

通过市场沟通宣传优势价值。 实践价值贩卖商理念的企业往往通过市场沟通宣传其产品或服务的优势价值。强调企业如何实现优势价值,使客户建立起与该供应商开展业务的期望,为接下来的客户拜访打下了基础。市场沟通可以选择促销、广告或供应商人员撰写的文章等方式。例如,应用工业技术公司在行业刊物广告中引用了一系列案例历史记录——"凭借增值成本节约记录荣获优质服务奖",来强化其客户价值取向,让客户感觉更加真实可信。

如果为客户实现优势价值要求相当高的技术含量,价值贩卖商型企业往往利用各大学术论坛，向外界传达其优势价值。高纯金属有机物（HPMO）供应商阿克苏诺贝尔最近对生产化学品的反应仓进行了重新设计，并为这项创新技术申请了专利。于是，公司全球销售与市场经理频频奔走于各大技术会议，介绍这一创新系统，同时在美国电气与电子工程师协会（IEEE）《晶体生长杂志》（*Journal Of Crystal Growth*）等权威学术刊物上发表相关文章。潜在客户逐渐了解到阿克苏诺贝尔通过各大会议与期刊文章所传达的信息——后来公司将该信息公布在其网站上——并开始打电话联系阿克苏诺贝尔的销售人员。

供应商还可以在行业出版物上发表文章，让客户更深刻、全面地认识到各项成本在运营过程中是如何产生的。在这类文章中，供应商专家可以利用客户价值研究，具体明确各种成本驱动因素，以及供客户计算以往未充分认识到的那部分成本的计算公式。实耐格工业产品部研制出一种新型绕线机螺旋管，可以大大提高纤维厂的纤维绕线与传输能力。两位来自实耐格公司的作者在《国际纤维杂志》（*International Fiber Journal*）上发表了一篇文章，其中一个表格概括了废料种类、文字方程式与代表性案例等内容，如表 6-1 所示。

对表现出众的价值贩卖商予以认可和奖励。竞赛是弘扬价值贩卖商文化的一种方式。管理层可以通过制定竞赛规则，选拔合格的参赛者，以及确定竞赛优胜者的认可与奖励办法，在全体员工中间建立并强化价值贩卖商文化。在设计这类竞赛时，管理层应当在借鉴以往成功经验的基础上，持续创新，使每一次竞赛都富有新意，不断促进企业价值贩卖商文化建设。

固安捷在 2005 年实施固安捷价值优势市场战略的同时，在整个销售团队中间发起了固安捷价值优势竞赛。每个销售区域大约 10 位销售人员竞争最佳价值取向。最佳价值取向的四个评判标准如下：

1. 销售人员在讲述固安捷价值优势时，说服力有多强？

表 6 - 1　实耐格纤维绕线/传输效率成本核算表

浪费的种类	计算方法	举例
纱线浪费	绕线时间除以 60,单位转换为小时,然后乘以每磅的纱线成本,再乘以每小时原材料消耗量。	(12/60) × (1.35 × 60) = $ 16.20
人力成本	绕线时间除以 60,单位转换为小时,然后乘以工人人数,再乘以每小时人力成本。	(12/60) × (2 × $ 22.00) = $ 8.80
机会成本(追加产量)	绕线时间除以 60,单位转换为小时,然后乘以每磅的成本,再乘以每小时原材料消耗量。	(12/60) × (1.35 × 60) = $ 16.20
物料成本	每台绕线机的螺旋管数量乘以每根螺旋管的成本。	4 × $ 1.00 = $ 4.00
废纤维成本(或收入)	废纤维每磅价值乘以每次停机产生的废纤维磅数,减去所有与废纤维处理有关的成本。	(0.15 × 12) - (12 × 0.02) = - $ 1.56
每次故障总成本	以上所有成本相加	$ 43.64
日总成本	每次故障总成本乘以每日故障发生次数	$ 43.64 × 32 = $ 1 396.48
年总成本	日总产本乘以每年实际生产天数	$ 1 396.48 × 350 = $ 488 768

资料来源:Adapted from "Sonoco:Calculating the Costs of Yarn String-UP and Transfer Failures," *International Fiber Journal*,October 2005. Used with permission.

2. 销售人员在为具体客户量身打造价值取向方面做的如何?

3. 销售人员提议的解决方案,说服力有多强?

4. 对于客户提出的问题和质疑,销售人员处理的如何?

　　每一个销售区域的优胜者继续参加销售大区竞赛,而销售大区竞赛优胜者则有资格角逐全国冠军。最终选拔出的全国四强应邀在固安捷全国性销售大会以及 2006 年 3 月份在奥兰多(Orlando)举办的客服大会上展示他们的价值取向。会上,他们走上台,面对 3 000 多位销售和客服人员,向由销售和市场经理组成的专家组展示了他们的价值取向。专家组对他们的价值取向分别提出了挑战。展示即将开始之际,固安捷总裁詹姆斯·莱恩(James Ryan)突然加入了专家组。当时会场一片疯狂。莱恩站在客户的立场上对所展示的每一个价值取向提出质询。他对台上的每一个展示者严加"拷问"。销售竞赛的目的是选拔并奖励固安捷销售技能出众的销售精英。后来,这四位销售人员当中的三位获得了职位晋升。

　　通过转售商把产品或服务销售至市场的企业如何向其转售商的销售人员传达价值贩卖商理念呢? 世伟洛克是一家为全球客户提供先进、创新液压系统产品、服务与解决方案的供应商,其案例颇具教育意义。世伟洛克利用其价值影响程序(VIP)报告,为其转售商销售人员进行价值销售的培训。价值影响程序报告记录了客户使用世伟洛克的产品、服务或解决方案后所节约的成本。销售人员为每一位大客户以及"有影响力的客户"准备 VIP 报告,并将报告提交给客户和世伟洛克公司。凭借这一点,世伟洛克为客户实现优势价值的成果得以不断更新和积累。

　　为在转售商中间进一步推广价值贩卖商理念,除以薪资激励作为主要手段之外,世伟洛克还通过年度销售竞赛,对出色的销售人员予以认可和奖励。包括美国以及其他国家的全体世伟洛克的转售商均可参与。竞赛的主要内容之一就是每位销售人员提交 VIP 报告的数量。世伟洛克在其内网上建立了销售排名榜(就像高尔夫巡回赛的优秀选手排名榜),公布各销售大区领先转售商按照各竞赛项目以及总分的排名情况。

　　在年度全球销售大会的特别奖庆功宴上,由世伟洛克高管根据每位销售人员提交 VIP 报告的平均数量,为前三名转售商分别颁发金、银、铜奖。这一奖项旨在对转售商及其销售团队作为价值贩卖商实现卓越销售业绩予以认可。有趣的是,这一奖项并无金钱奖励,只有荣誉。但转售商非常看重这份荣誉,这有利于培养他们之间健康、友好的竞争氛围。据报道,近期领取金奖的某转售商高级经理对世伟洛克市场营销副总裁表示:"这个奖项的价值对我来说超过一万美元!"

Composites One 公司在各业务单元与销售人员中间引入并深入推广价值贩卖商文化的方式是年度"毛利王大赛"。这家公司在美国拥有 30 家分销中心,每家分销中心就是一个利润中心,各自配备销售人员。除销售人员之外,分销中心(DC)也参与该项竞赛,因为分销中心工作人员也会影响毛利的大小。例如,分销中心的客服人员负责审核订单,提醒可能忽略订单的客户进行采购。"毛利王竞赛分数"指毛利总金额增长率(百分比)与单位毛利增长率(百分比)之和。公司每月发布"毛利王大赛新闻",公布销售人员和分销中心最新毛利进展情况,并根据竞赛分数列出排在前十位的分销中心和销售人员(2006 年 7 月份"毛利王大赛新闻"标题为"毛利王大赛为自己喝彩!")。年底,最终结果公之于众,优胜分销中心与销售人员得到公司认可(2006 年年底的新闻标题为"胜利!")。

其中一个分销中心获得"毛利王大赛"年度冠军,同时另外三个销售大区分别选出大区优胜者。冠军分销中心的每一位员工获得 100 美元礼品券。冠军分销中心以及获得大区优胜者的另外三个分销中心各自荣获雕刻匾额一块,以示荣耀,此外优胜分销中心的所有员工获赠每月两次免费午餐,持续一年。

获得"毛利王大赛"年度总冠军的销售代表奖励自选地点免费双人游。亚军和季军分别获得礼品券奖励。不过,优胜者最看重的也许还是社会认可。三位获奖销售代表会应邀携他们认为最重要的人,出席于公司总部所在地举行的特别展示大会,并当众获赠雕刻匾额,同时成为总裁俱乐部终身会员。总裁俱乐部每一位会员获得精美蓝色运动衫一件。作为年度全国销售大会的一个环节,总裁俱乐部成员统一穿着会员独享的蓝色运动衫,在同事与公司管理层面前亮相。

美利肯公司销售团队向价值贩卖商的成功转变

全球规模最大的纺织品、地毯与化学品制造商之一——美利肯公司,在将其销售团队转变为价值贩卖商方面树立了典范。1999 年,和其他许多美国制造公司一样,美利肯发现随着进口的增加以及供应链向低人力成本国家的转移,其部分市场正在承受越来越大的价格压力。客户满意度下降,公司的销售收入收到严重威胁。此外,美利肯的某些老产品在有限的知识产权保护下,越来越处于被动挨打的局面。

美利肯管理层认识到,单纯与低成本的竞争对手打价格战很难行得通,因为美利肯不一定是市场上结构成本最低的公司。因此,公司需要找到新的方式,创造产品优势价值,否则只能在激烈的低成本竞争中面临销量与利润流失的危险。为此,美利肯在性能产品分部发起了客户价值设计(CVE)计划。该计划由分部总裁、业务发展部经理、分部战略与市场总监、三位市场经理、产品市场管理改进项目负责人组成的跨部门团队负责推进与实施。市场经理负责收集销售人员对于各销售市场的看法。两部门展开了销售与市场经理调研。调研结果显示,"卓越运营"与"创新"对美利肯客户来说是最具价值的。在此调查结果的基础上,CVE 团队开始研制开发详细的价值计算工具,通过该工具找到潜在的有利异化点,并从客户角度对这些有利异化点的财务价值(成本节约或价值增值的货币金额)进行量化。该价值计算工具从六个方面对美利肯进行评估:产品一致性、产品便利性、产品的客户个性化程度、服务一致性、服务便利性和服务的客户个性化程度。其中每个方面进一步细分为多个关键性能指标。

在这些研究结果的基础上，CVE 团队启动了名为"协作，共赢"的项目，向客户突出强调三大优势：不断改进/卓越运营、创新与新产品领导力、世界级服务。团队成员开发出相匹配的价值销售与实施流程。此外，他们创造出价值展示工具，帮助销售人员制订为客户实现价值增值的解决方案，同时为公司实现高毛利。

美利肯与某大型消费产品公司之间的合作，体现了该项目的成功。这家公司试图降低主营业务的总成本。虽然刚刚建立合作关系，但美利肯与该公司的合作却蒸蒸日上。他们主动上门，请美利肯公司提供某纺织品新技术。美利肯为此成立了跨部门工作团队，与客户共同开发降低总产本的新技术解决方案。在比较了各种改进机会之后，双方联手开发、测试并验证了几个客户目标市场渗透方案。他们以总加工成本、产品缺陷成本、包装拆除成本等具体客户指标为依据，对各种解决方案进行了评估。事实证明，成果卓著。客户在三年内累计实现成本节约 700 万美元（占总成本 7%），同时产品质量得以进一步改进（产品不合格率从 2.4%降至 0.8%）。客户对美利肯非常满意，决定其全部产品由美利肯供应。

美利肯为其销售人员配备 CVE 工具，相当于赋予他们为客户量身打造创新价值取向的能力。价值流程培训在销售团队中广泛开展，培训主要包括四个方面：调查客户要求与偏好、展示价值、合同/协议条款谈判、业绩实现。毛利增长成为销售人员评估与奖励的基础，使销售人员不至为追求短期销量增长而不断做出价格让步。而且，CVE 工具的使用是他们个人激励机制的指标之一。此外，销售人员需要每年两次与分部总裁共同回顾 CVE。销售经理也会定期与客户一起进行业绩回顾。所有这些系统与流程的执行在销售团队中间，逐渐形成了一种对客户价值管理的主人翁态度。

CVE 团队在公司内部积极推行以价值为基础的市场理念。大多数销售人员亲眼看到了 CVE 的价值所在，于是积极实践。然而，公司有些工龄超过 25 年的老员工固步自封，迟迟不肯改变。他们声称自己非常了解客户，知道哪些方法有效。在所有使用 CVE 的销售人员中间，有 1/3 始终坚持使用，1/3 只用于大客户，剩余 1/3 只用于向管理层汇报。CVE 团队了解到这一情况后，采取了一系列措施，扩大 CVE 在分部以及公司范围的曝光率。内部网站公布 CVE 最佳实践与成功案例，激励销售人员使用 CVE 工具，实施价值销售策略。分部大会上的展示以及同级反馈是促进内部经验分享与相互学习的有力机制。成功案例记录在案，并在销售大会及分部大会上反复引用。这些措施的采用在公司内部形成了良好的 CVE 发展势头。美利肯决定对性能产品分部排名前 50 位客户中的 34 个客户广泛采用 CVE。前 50 位客户占总销售收入的 2/3，占分部销售增长的 135%。

向客户展示优势价值已经成为美利肯维持现有客户、开发新客户，以及捍卫并维护其较高毛利水平的关键。短短五年间，美利肯已经实现了历史性销售收入增长，主要来源于抢夺竞争对手市场份额以及运营利润的大幅增长。美利肯将其销售团队打造成价值贩卖商团队的同时，不仅巩固了自身的市场地位，更从根本上由一家传统的工程设计公司转变为真正以客户为导向的公司。

第七章　把客户价值转化为利润

获得等值回报

本书前六章一直在阐述，供应商相对于略逊一筹的竞争对手必须为目标客户实现优势价值。坚持做到这一点非常富有挑战性。然而，大多数人发现，要为这种优势价值的实现获得等值或公平回报更是难上加难。理解、创造并实现优势价值往往需要供应商付出大量人力与财力。即使不考虑人力与财力的消耗，单单就优势价值的实现本身来讲，供应商也完全有理由获得与其付出成正比的回报。

然而，在当今充满激烈竞争的业务市场上，实现优势价值并不一定意味着获得利润。供应商必须树立正确的理念、创建正确的流程和系统，方能获得等值回报。因此价值贩卖商型供应商必定充分理解并不断强调业务市场上成功的两个方面——相对于略逊一筹的竞争对手，为客户实现优势价值，同时获得与优势价值等值的回报。

供应商必须理解并探索获得等值回报的各种方法，并且应当把定价当做利润率的支撑来进行管理。在对以上每一点进行详细阐述之后，本章将借助泰国暹罗城市水泥公司（Siam City Cement）的案例告诉读者，如何通过实现优势价值成功获得等值利润。

凭借优势价值获得公平回报

说到如何凭借优势价值获取利润，大多数供应商管理人员首先想到的是设定比略逊一筹的竞争对手更高的供货价格。这听起来似乎合情合理。既然供应商为客户提供的价值超过略逊一筹的竞争对手，要价自然更高。而且，这也是把优势价值转化为利润最显而易见的方式。

只可惜，在竞争日趋白热化的业务市场上，要想说服客户接受高价简直难于上青天。因此，供应商必须了解并有效利用获取公平回报的各种潜在方式。我们可以通过对客户利润贡献进行分解（如图 7－1）来分析各种可能性。客户利润贡献由两个基本部分组成：购买意愿和服务成本。供应商可以选择提高客户对其产品或服务的购买意愿，也可以选择降低成本为客户服务。

图 7－1　凭借优势价值获取公平回报

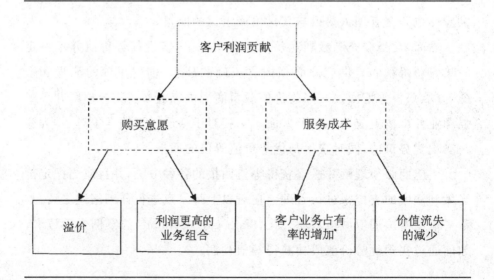

这两个基本组成部分分别可以进一步分解为两个因素或潜在利润增值来源。"购买意愿"可以分为"溢价"和"利润更高的业务组合"两方面因素。其中第二个因素指的是,客户所购买的产品或服务组合中,某些产品或服务大大提高了客户对供应商的利润贡献。"服务成本"可以进一步分解为"客户业务占有率的增加"和"价值流失的减少"。客户业务量增长是指,客户要求增加当前采购产品或服务的供货量。而业务组合是指供应商能够并愿意为客户供应的所有产品或服务种类的数量。如果供应商的供货成本高于产品或服务的客户价值,且这部分成本并不具备战略意义,那么这类服务、程序或系统称之为价值流失。如果某些业务行为或做法导致客户和供应商成本增加,且对两者均无成本节约或价值增值利益,我们则称之为价值泄露。

希望各位读者仔细思考一下,在以上四种方式中,贵公司希望通过哪种方式将优势价值转化为利润。在我们对每一种方式进行逐一探讨的同时,请反思贵公司是否已经充分挖掘并利用了这些方式。我们旨在阐明,供应商如何通过这些方式成功提升客户利润贡献的,以及他们的经验如何能够推而广之,为贵公司所借鉴。

争取溢价

如果供应商的产品或服务相对于略逊一筹的竞争对手,的确可以为客户实现优势价值,那么争取溢价应当是供应商的初步策略。假如优势价值来源是受专利保护的知识产权,争取溢价更加当仁不让。争取溢价的做法在客户脑海中树立了在供应商看来公平合理的价格参考点,同时促使其他供应商纷纷效法,拉升价格。

实耐格为其 Sonotube 混凝土模板争取溢价。实耐格工业产品部销售 Sonotube 混凝土模板已有多年历史。该混凝土模板由纸和纤维制成,用于轻型商用或民用建筑的建造。混凝土浇筑在模板所围成的空间中,干燥成型后,将表面材料剥离。多年以来,该产品的相对优势已经逐渐淡化,实耐格 70% 的 Sonotube 混凝土模板都由经销商贴牌销售,只有 30% 为实耐格品牌产品。最初的 Sonotube 产品存在一个问题:缺乏防水性能。纸/纤维制成的混凝土模板在严酷气候下根本无法使用。通过调研,实耐格发现,部分客户的确对该产品提出防水性能要求。于是,实耐格应客户要求,创造性地研制出一种防水混凝土模板,称之为"新型防雨技术 Sonotube 混凝土模板"。

新型防雨技术 Sonotube 混凝土模板大大降低了模板爆裂的几率。所谓模板爆裂,是指普通纤维模板在含水/余量达到饱和时发生开裂的情况。混凝土的 ph 值相当高,遇水则进一步加速了模板黏合剂失效。实耐格通过计算模板爆裂的成本,向混凝土承包商展示了他们使用实耐格产品可以实现的成本节约。公司销售人员利用价值销售工具(表格形式),把混凝土模板爆裂所产生的成本呈现给承包商。他们强调,这类分析必须以事实为依据。

改进后的新型产品大获成功。防雨技术 Sonotube 混凝土模板的价格高出其他品牌普通模板 20%,比以往的 Sonotube 产品高出 5%,同时公司销量增加了 16%。不仅如此,实耐格公司还利用产品更新换代的契机,重新建立起客户与实耐格品牌之间的联系,恢复了实耐格品牌相对于普通的、性能较差的一般品牌的独特品牌价值。一直以来,外界普遍认为实耐格就是混凝土纤维模板的代名词。在面临品牌声誉急剧下滑的情况下,实耐格果断出击,叫停所有贴牌生产业务,将所有业务归于防雨技术 Sonotube 混凝土模板产品名下,成功地挽狂澜于既倒。

SKF 将溢价与产品性能相结合。供应商在记录为客户实现的实际价值的同时,更加深刻地认识到其产品或服务是如何为客户实现优势价值的,以及所实现的价值为什么会因客户而异。在对自身产品或服务形成全面、深刻认识的基础上,供应商在预测能够为潜在客户实现的成本

图 7-2　SKF"可靠性系统"广告:为您节约成本,与您共担风险

资料来源:Provided courtesy of SKF USA Inc. Used with permission.

节约或价值增值方面,更加充满自信。部分价值贩卖商型企业已经能够相当准确地做出预测,因此他们愿意由产品或服务的实际性能来决定溢价,而且溢价部分可以在实际产生成本节约之后再行支付。

SKF 正是通过使用解决方案备案程序这一工具积累了丰富经验,敢于与客户签署基于产品或服务实际性能的合同。这类合同采用的是风险共享、利润共享的结构。SKF 根据合同为客户提供整套维修服务,双方事先共同确定关键性能指标。客户则根据记录在案的产品或服务性能达标情况向 SKF 付款。SKF 甚至还为客户提供付款方式的灵活性。客户可以选择支付部分首款,待产品或服务性能达标后,支付剩余款项。或者,客户还可以逐渐增加 SKF 的供货量,以此作为回报供应商的方式。图 7-2 展示了 SKF 近期的一则广告,展示了 SKF 不仅要与客户共享利润,更愿意与客户分享风险。

优化客户业务组合

供应商也可以通过优化客户业务组合(即提高业务组合的总利润)增加利润。相同的销售金额并不意味着相同的利润,利润可能因为供应商提供的产品或服务的组合不同而存在差异。众所周知,客户采购高利润产品或服务有助于提高供应商的利润率。事实上,这就是交叉销售的主要理论基础。然而,大多数供应商尚未认真思考这一点,也未曾制定相应的业务组合优化战略。吉宝西格斯(Keppel Seghers)技术公司则与众不同,我们不妨一起了解一下。

吉宝西格斯不断寻求利润更高的业务组合。吉宝西格斯公司总部设在比利时,是一家为石化、电力、食品加工和水处理行业提供设计、工程、建造与维修服务的公司。[1] 由于资源有限,吉宝西格斯希望通过不断拓展客户关系,获得利润更高的业务组合,并制定了相应的战略。该战略利用客户对工业服务一站式采购需求的不断增长,以及工程维修外包的大趋势为契机,突出了四大业务发展步骤的特色。

与目标客户建立业务关系之初,吉宝西格斯强调为客户提供一项能够显示其独特能力的服务,例如螺栓拉紧、现场机器加工,或者阀门修复、设备检修。吉宝西格斯人齐心协力,力争在与客户的首次合作中,提供出色的服务,树立客户对吉宝西格斯专业能力的信心。

在首次合作经验基础上,吉宝西格斯开始进入第二阶段,即为客户提供持续的工厂维修服务,并获取利润。需要再次强调的一点是,吉宝西格斯并不寻求为一家工厂或炼厂提供所有维修服务,而是依然着眼于可以显示其独特能力,且赢利丰厚的那部分服务项目。如果客户坚持要求提供全套维修服务,吉宝西格斯便选择与其优势互补的另外一家承包商共同完成。吉宝西格斯高级管理层发现,为客户提供持续维修服务是进一步了解客户需求的黄金机会。事实上,经过专业培训的吉宝西格斯技术人员善于发现和报告任何服务机会。

主要设备检修是吉宝西格斯客户发展战略的第三个步骤。例如,热交换器检修对客户方维修人员来说是一项复杂而艰巨的任务,而对吉宝西格斯来说却是大大有利可图。这类检修可能需要吉宝西格斯派出一个技术团队,使用昂贵的机器加工设备和工具,花几天时间才能完成。

当客户对其能力充满信心,吉宝西格斯的销售经理就会寻求第四阶段的业务合作——停工检修服务。吉宝西格斯提供两种形式的停工检修服务:计划停工检修服务与紧急停工检修服务。停工检修是最全面和深入的检修服务,具体包括管道修理与更换、阀门与泵机检修、容器检修与更换以及控制系统维护。这项工程成本相当高,可能需要整个炼厂停工一周甚至更长时间。对于吉宝西格斯来说,这类维修服务的要求非常严格,同时利润也非常丰厚。

实耐格挖掘现有客户的赢利新业务。供应商的销售人员可以通过促成公司其他部门获得赢利业务机会,大大提高某一客户的利润贡献。

虽然每一个供应商都希望出现如此理想的情况,但他们几乎从未为此做出过任何实质性的努力。那么应该如何去努力呢?

实耐格公司内部开展了名为"预备业务增长"的项目,目标是实现可持续的两位数年利润增长率。为领导项目实施、监督项目进展,实耐格成立了业务增长委员会,由公司各业务单元商业实体负责人(共12位)组成。业务增长委员会近期发起了"实耐格共同之夜"活动,目的是鼓励各业务单元在销售方面相互推动与支持。每次"实耐格共同之夜"活动从第一天下午开始,包括当天晚上,以及第二天上午。公司战略与业务发展副总裁艾迪·史密斯(Eddie Smith)以及业务增长委员会其他成员已经参加了六届"实耐格共同之夜"活动。每一届活动分别选择实耐格在美国的不同业务区域进行。90%的销售人员参与该活动。活动期间安排夜间交易展览会。交易展览会期间,由各业务单元的代表向销售人员结束本业务单元的基本知识及产品概况。

每位销售人员都会收到一份"蓝图",这份材料详细叙述了如何发掘客户对于其他实耐格产品的需求,以及在潜在机会出现时,如何将收集到的信息传达给相关业务单元的负责人。该负责人作为主要联系人,对收到的信息进行评估,决定是否派一名产品专家同该销售人员一起启动交叉销售或解决方案销售流程。"实耐格共同之夜"活动期间,实耐格的一位销售人员表达内心的顾虑:"我为什么要冒着损害已经建立起来的客户关系的风险,去开发实耐格的其他业务呢?"史密斯的回答消除了他的顾虑——他强调说,利用实耐格的产品组合为客户提供解决方案,不仅不会产生任何风险,反而会加深与客户的合作,强化与客户的业务关系。

业务增长委员会为此制定了相当诱人的财务奖励机制。如果某销售人员与产品专家共同成功完成了销售流程,那么他将获得该笔业务前12个月销售收入的1%作为奖励——最高不超过他年度奖金的50%。

有趣的是,销售人员似乎能够寻找并成功获得无限的业务机会,从而拿到最高限额的奖励。这种跨部门业务奖励机制与销售人员的常规奖励机制不存在任何冲突,且不受任何部门限制。而且,如果销售人员在没有相关业务单元产品专家协助的情况下,独立为该部门争取到业务机会(例如,黏合剂部门销售人员成功为纸板部门获得了业务机会),那么他将获得该笔业务前 12 个月销售收入的 2% 作为奖励——最高限额仍然不超过他年度全额奖金的 50%。初步成果显示,这一跨部门奖励机制将大获成功。

拓展客户业务份额

优化客户业务组合的业务拓展方式,通过推销价格敏感性较低、毛利较高的其他产品或服务,最大限度利用了客户的购买意愿。相比之下,扩大客户业务份额的业务拓展方式则以客户服务成本为着眼点,通过增加业务比例,降低客户的单位采购成本。供应商必须对每一个客户对每种产品或服务的总体采购需求做出预估。尽管业务市场上大多数企业对自己的市场份额大致了解,但企业很少对自己在每一个客户的总业务量中所占的比例有所估计。而事实上,后者更能说明问题,因为它体现了客户对供应商产品或服务相对于略逊一筹的竞争对手的优势价值的认可,也暗示出异化点产生的来源。

假设某供应商占有 20% 的市场份额,该供应商对每一个客户的供货量不可能都是 20%。相反,有些客户的采购量很可能为零,而有的客户采购量则超过 20% 的平均值。那么产生采购量差异的因素是什么?如果某客户确定该供应商为独家供应商,那么可能的异化点来源又是什么?

如果客户同时在多个地点开展业务,那么供应商需要进一步思考如何进行跨区域业务扩展。也就是说,如果某客户拥有由 10 家工厂组成的生产网络,那么供应商不妨了解一下,每项产品或服务在每一家工厂的采购需求中所占的比重是多少? 这一比重之间的差异也许很大——有的是100%,有的则可能是零。供应商为客户提供服务的成本与客户自身总体拥有成本之间可能存在相当大的差异,这一差异取决于相同的供应商业务量在不同工厂之间的分配方式。

多极单一货源采购模式。该模式使得客户和供应商双方同时获得单一货源采购模式的益处,同时把潜在的不利因素降到最低。在多极单一货源采购模式下,客户生产网络中的每一家工厂均实行单一货源采购,但该网络中同时存在至少两家供应商。例如,某客户10家工厂中的6家可能由同一供应商供货,而其余4家则同由另外一家供应商供货,两家供应商互为替补。作为该采购模式的一部分,客户可能要求每家供应商在供货流程或产品改进方面保持一致,以便于客户跟踪每家供应商的改进情况,作为日后奖励的依据。

深入理解客户要求与偏好需要耗费时间和资源,因此只有供应商业务份额有所增加,一切努力方才值得。但无论如何,模范供应商应始终为符合自身战略的那部分业务寻求单一采购模式。吉宝西格斯和美利肯的案例充分说明了这一点。

吉宝西格斯有针对性地获取客户业务份额。吉宝西格斯公司利用客户利润率分析指导其客户业务拓展工作。值得注意的是,吉宝西格斯并未一味追求高毛利销售收入的增加,而是选择成为有明确业务重点的单一供货商,满足客户采购需求。所谓有明确重点的单一供货商是指针对客户采购需求中部分目标产品和服务,采取独家供货的方式,同时放弃其他类产品或服务的供货权。

例如,吉宝西格斯某大客户在其现有工厂一侧,修建了一家新工厂,两厂产权归属相同。吉宝西格斯的竞争对手纷纷想方设法争取新厂的供货权,对老厂熟视无睹。而吉宝西格斯所采取的策略正好相反。为什么？因为老厂对维修服务的需求大得多,因此可以为供应商带来丰厚利润;同时吉宝西格斯对老厂设备情况了如指掌,提供维修服务游刃有余。

与此同时,吉宝西格斯的利润分析显示,新厂所需服务毛利较低。为什么？一方面原因是新厂部分设备刚刚购进,且采用的是尖端技术,不需要太多维修或检修工作。更糟糕的是,吉宝西格斯的某些竞争对手具备维修这类设备的能力,且并未对价格采取严格限制。通过努力,吉宝西格斯争取到老厂100%维修服务的供应权,放弃了对其吸引力相对较小的新厂业务,任由其他竞争者争夺,自己却乐得坐山观虎斗。

美利肯提高客户业务份额。2005年,美利肯为某大型汽车供应商供应车座产品。该汽车供应商当时正面临丢失市场份额的困境,质量与送货方面也出现问题。于是,美利肯的销售经理带上价值计算工具,主动找上门,协助客户制定出多套创新解决方案,成功降低了库存,实现了按时送货。当时,在美利肯提议下,双方成立了一个联合小组,由双方关键人员组成,以期深入了解最重要的客户需求并对这些需求进行优先排序,共同承担创造与捕捉价值的责任。

联合小组开发了一系列解决方案,制定了详细的客户衡量标准,如库存天数、按时交货率等,并对标准达成情况进行月度监控。通过5年的努力,这一解决方案为客户降低了66%的库存,取得了100%的按时交货率。客户市场份额增加了10%,总体拥有成本降低了超过15%。美利肯的新供应链流程令客户十分满意。作为对其优势价值的回报,客户授权美利肯为单一货源供应商。

避免价值流失与价值泄露

发现并避免价值流失与价值泄露,是价值贩卖商型供应商改善自身及客户利润率的有效途径。供应商与客户业务开展方式上的改进可以为双方实现成本节约,或者一方成本增加,另一方同时获得更大幅度的成本节约。如果是第二种情况,则双方通常会共同分享所实现的净成本节约,以鼓励业务改进,实现共赢。成功辨识并避免价值流失与价值泄露可以强化供应商与客户之间的合作。客户价值评估与基于每笔交易的成本分析是发现价值流失与价值泄露的有效工具。

伊士曼化学(Eastman Chemical)公司发现并消除价值流失环节的案例。 伊士曼化学公司是一家领先的化学品、塑料制品与纤维制品生产商。该公司在发现并消除价值流失环节方面树立了典范。当时,伊士曼正在为某领先色素生产商供应一种有机化学半成品,一时苦于无法与客户在价格上达成一致。在价值销售和客户流程设计方面接受过专业培训的伊士曼销售人员,建议对客户生产流程进行分析和研究,寻找潜在的成本节约环节。分析过程中果然发现了一处价值流失。伊士曼生产流程的最后一步是产品除湿。而销售人员发现客户流程的第一步居然是重新为产品加湿!

发现该价值流失之后,伊士曼立即改变流程,删除了其生产流程的最后一个步骤。从而公司生产效率得以提高,为其他同类客户陆续实现这一改进创造了先例。伊士曼将部分成本节约让渡给客户,从而获得一定溢价,改善了利润率。

塔塔钢铁(Tata Steel)公司发现并清除价值流失与价值泄露环节的案例。 塔塔钢铁是印度一家领先钢铁供应商。该公司凭借其客户价值管理(CVM)流程,发现并消除了与战略客户业务合作过程中的价值流失与价值泄露环节。启动 CVM 流程以来,塔塔与这类客户之间的业务合作成本大大降低,而塔塔的客户业务量却不断增加。

战略客户与塔塔之间的合作关系从而发生了明显的变化——以往的相互对立已经演变成相互扶持。而且合作关系一旦渗透至 CVM 流程,客户往往会积极为寻找、发现潜在的价值流失与价值泄露环节献计献策。双方合作关系由此进入一个前所未有的神奇阶段。一旦进入这一阶段,深受启发的客户方高级经理就想到:"既然塔塔不惜赔本来帮助我们,那么我们是不是也应该想办法让塔塔通过帮助我们节约成本增加其利润所得呢?"

下面我们不妨一起了解一下塔塔在开展钢管业务过程中发现并消除价值流失环节的过程。塔塔向位于千里外的锅炉制造商供应钢管。生产出的钢管需要在表面涂油,防止运输途中生锈。奇怪的是,客户收到钢管之后首先做的就是清除表面油层,待其生锈方才使用!CVM 评估发现,表面微微生锈的钢管才是客户所希望的,因为在制造盘管式锅炉过程中,表面锈迹可以为钢管与线圈槽筒之间提供足够的摩擦力。缩减塔塔生产流程中的涂油环节以及客户生产流程中的除油环节,对双方来说无疑是双赢的解决方案。这一解决方案为客户节约了每吨 30—40 美元的成本,同时塔塔也因流程缩减而实现了一定的成本节约。

在另外一则价值泄露的案例中,塔塔为建筑公司运送大宗固定长度为 12 米的钢筋。客户希望采购长度为 10 米或 11 米的钢筋,而塔塔所提供的产品为客户造成了 12%—16% 的损失。双方的交易关系保持一定距离。塔塔销售经理与客户代表通过 CVM 评估发现了这一价值泄露环节。于是供需双方决定,由塔塔在出厂前将钢筋截成客户所需要的长度,然后送货。塔塔与客户共同评估了这一加工环节对塔塔造成的额外成本,以及客户因无须调整钢筋长度、减少损耗所获得的成本节约,并在此基础上,达成了一致的采购价格溢价。这一溢价超出了塔塔成本的增加部分,同时将大部分成本节约让渡给了客户。塔塔发现,在将大部分成本节约让渡给客户,令客户满意的同时,自身所获得的额外毛利也超出了额外成本。

2002 年,在 CVM 流程实施之前,塔塔前 16 名大客户在同一产品线所贡献的销售收入为 15%。而到 2005 年,该比例大幅上升到了 35%。而该比例上升的主要原因有两个。一方面,这部分客户把其他供应商的供货量转让给了塔塔,同时促使塔塔进行新产品研发;另一方面,塔塔自身在印度市场的份额增长提升了这部分客户的总体需求。最终结果是,塔塔倾向于为这些客户提供高端产品以及为更多客户提供定制型产品,这成为塔塔区别于竞争对手的主要特色。同时,塔塔从中获得了较高的利润率。

奎克化学公司发现并清除价值泄露环节的案例。奎克化学的基本战略是通过建立客户合作关系,开展双赢项目,为自身及客户实现价值增值和经济利益。为达成这一目标,奎克所采取的一个显著措施是,实施化学品管理计划。奎克派驻一名员工在客户加工厂做驻厂员,处理与化学品流程相关的一切工作。由于奎克驻厂员的现场协助,客户在生产效率、产品质量以及降低化学品消耗和损耗方面获得了价值增值。奎克近期与一家大型钢铁公司开展业务合作的经历,展示了发现并消除价值泄露环节的方法和过程。

客户的五机座轧钢厂每年因不合规格产品以及生产钢板的其他质量问题,所耗费的累计总成本为13.4万美元。由于信任奎克的专业能力,客户提议双方共同合作解决这一问题。奎克所做的第一步工作是,让客户了解加工总成本和轧钢技术的最新改进。具体来说,奎克与客户分享了改进后的测试方法,通过各种研究项目强化了客户对于先进轧钢技术原理的理解,确定现有冷轧加工用油的基准总成本。下一步是提议客户对冷轧加工所用润滑油质量进行升级。这一提议可以为客户解决无涂层产品生锈或产生气孔的问题——即消除了这一价值泄露环节。同时轧钢流程的其他环节也将得到改进,如生产效率和成本降低。鉴于对上述改进成果的预期,两家公司修改了合同,对利益分享做出了界定。

修订后的合同规定钢铁公司依据供货吨数向奎克付款。80%的利益归钢铁公司所有,20%归奎克所有。合同还规定,钢旋管生产效率提高所带来的经济价值全部由钢铁公司享有。合同期5年对于客户来说比较特殊,但却是必要的,因为只有这样,两家公司才能确保相关资源到位,实现既定的改进目标。

五年合同期间,该升级项目实现了近 300 万美元的可量化"硬"价值,远远超出预期。此外,包括质量、工艺性能、设备利用率、人力需求与维护服务需求、清洁度等关键成本环节在内的多项改善所带来的"软"价值,足以与前者媲美。这类改进具体包括:产能增加 2%;润滑系统改善使得轧钢用润滑油消耗量降低了 35%;非主要产品下线(原因是无涂层产品出现气孔以及生锈问题)。轧钢过程中产生铁粒的情况也有所减少,在操作照常的前提下降低了润滑油消耗量,消除了又一个价值泄露环节。虽然轧钢用润滑油产品销量降低了 35%,但奎克的销售收入依然维持原有水平。为什么?因为奎克依据供货量获得了相应补偿,不同于传统的每加仑单价销售方式。其实,由于客户润滑油用量减少,奎克产品的销售单价得以提高了 75%。单价的提高弥补了奎克为实现上述改进所耗费的额外人力、物力和财力。除额外成本得以抵消之外,合同支付条款为奎克提供了 10% 的毛利增长。总之,奎克与客户通过彼此合作,发现并消除了价值泄露环节,为双方实现了利润共赢。

把定价看做利润率的依托加以管理

业务市场上的供应商如何为其产品或服务设定具体价格?定价专家赫曼·西蒙曾经说过:"大多数公司定价依靠直觉、观点、经验、教条、高层的大智慧,或者是权力相争的结果。"[2]依据我们的经验,这是业务市场的真实写照。尽管出色的定价能力会对利润率产生相当大的影响,供应商却很少尝试系统地培养并利用定价能力,这一点令人费解。[3]

业务市场上的供应商常常以成本或竞品价格为参照物进行定价,然而基于价值的定价作为另外一种定价方式,非常值得考虑。而且,战略、战术和交易三个层面均应将定价纳入考虑范围,结果会对利润率产生重大影响。

基于价值的定价模式

我们认为,价格的设定应当以产品或服务的价值为基础,因此称之为基于价值的定价模式。第二章介绍的基本价值方程式是该定价模式的基础:

$$(价值_f - 价格_f) > (价值_a - 价格_a) \quad (方程式 7-1)$$

该方程式中,价值$_f$和价格$_f$分别指供应商产品或服务(产品/服务$_f$)的价值和价格,而价值$_a$和价格$_a$指的是与该供应商相比略逊一筹的竞品(产品/服务$_a$)的价值和价格。实践中,该方程式需要进一步转换,方可充分体现客户方采购经理在选择供应商时的心理:

$$\triangle 价值_{f,a} > (价格_f - 价格_a) \quad (方程式 7-2)$$

通常,价值分析或价值评估是在相互比较的基础上进行的,其间确定两种备选产品或服务在性能和总成本上的差异。然后以货币形式将这些差异一一表示出来,相加所得之和即为$\triangle$价值$_{f,a}$。方程式7-2还体现了客户方经理在选择产品或服务时的自然心理倾向,即回答这样一个问题:"这两种产品或服务对我公司的价值差异如何?而这一价值差异与价格差异相比又如何?"

然而,价值$_f$、价值$_a$和价格$_a$所代表的不过是客户应当选择产品/服务$_f$的具体价格。我们将方程式7-2转换如下:

$$价格_f < 价格_a + \triangle 价值_{f,a} \quad (方程式 7-3)$$

通过调研可知价格$_a$，可见方程式7-3表示的是，在维持不等式不变的前提下，供应商可以设定的价格范围。此外，方程式7-3还告诉我们：如果△价值$_{f,a}$为零（一种商品的定义）或未知则假设为零，则供应商与客户之间只能讨价还价。因此我们可以看出，以竞争为基础的定价只是以价值为基础的定价的特殊情况。

价格战略

让我们通过图7-3更好地理解基于价值的价格战略。鉴于价值表示为等价货币金额，我们以瑞士法郎为货币单位，展示了一个价值连续体。为简便起见（并不损失其代表性），我们假设产品/服务$_f$和产品/服务$_a$的成本相同。价格$_a$和成本$_a$之间的差即为产品/服务$_a$的利润。价值$_a$和价格$_a$之间的差即代表客户购买产品/服务的意愿。注意：在业务市场上，供应商提供的价值很可能超过价格；否则客户不会对该产品/服务感兴趣。

图7-3 基于价值的价格战略

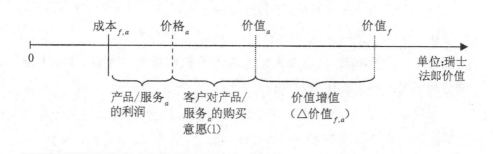

现在价值$_f$和价值$_a$之间的差代表产品/服务$_f$相对于产品/服务$_a$所带来的价值增值。价值增值的一部分留做供应商的利润增值，另一部分则让渡给客户，增加其购买意愿——这是供应商的战略决策。企业必须为每一个市场细分有针对性地制定市场策略。即企业在各个市场细分希望达成何种目标？顺便插一句："增加销量"并不足以作为一种市场策略。鼓励客户购买升级换代产品一类的做法才可以称之为市场策略。

市场策略一旦确定，企业接下来要制定的是支持其市场策略的营销策略。而价格战略就是营销策略的一部分。价格战略所关注的是某产品或服务在某价格范围内的定位，价格范围本身的界定，以及供应商在该价格范围内的相对位置。供应商可以通过与客户分享价值增值的方式为客户创造价值，这一点非常值得注意。

假设价格$_f$等于价值$_a$，则相对于用所有价值增值来吸引客户购买产品/服务$_f$，供应商所获得的剩余利润相对较少。与此相反，假设价格$_f$接近价值$_f$的值，那么供应商让渡给客户的价值增值则仅仅可以维持不等式7-1的成立。

第一种做法通常叫做市场渗透价格战略，因为供应商的目的是通过薄利多销增加总利润。有人把第二种做法称之为撇油式价格战略，因为供应商目的是通过缩减销量、提高单位毛利来增加总利润。

支持供应商选择渗透策略、舍弃撇油策略的因素有很多，如市场规模、预期增长、预期成长效应（例如经验积累或增进对市场的了解）、现有及潜在竞争者的预期反应，以及对价值取向说服力的测试。然而，我们要强调的一个根本是，供应商无论采取何种价格战略，必须以各个市场细分的不同市场策略作为背景。

不仅如此，在选择价格战略之前必须认识到，同一种产品/服务对于不同潜在客户可能意味着不同的价值，而且同一潜在客户对于同一产品/服务的价值认同会随时间而变化。因此，虽然我们假设方程式7-1和图7-3中的价值$_f$和价值$_a$为预估价值点，但如果我们现在考虑的不是单个供应商，而是整个市场细分，那么这些价值点就变成该市场细分中所有潜在客户所贡献的平均价值。

当价格$_f$的值接近价值$_a$,客户选择产品/服务$_f$舍弃产品/服务$_a$的意愿得以强化,潜在客户增多。也就是说,更多客户虽然认为产品/服务$_f$的价值低于平均价值$_f$,但仍然满足不等式 7 - 1 的成立(客户采用个体价值$_f$)。

价格战术

与价格战略相比,价格战术着眼于改变供应商在现在价格范围内的价格定位,在本质上可能是短期策略。通常,供应商为了获得更多定单,会在谈判的最后阶段向客户提供各种折扣、返利、降价或补贴。

例如,供应商可能应用新客户折扣的定价战术,从发票上看相对于降价销售。这种折扣是开拓新客户的一种方式,也是对客户更换供应商所产生的额外成本的补偿。新客户折扣方式的好处是,使客户明白供应商所提供的产品/服务真正价值是多少,换句话说,客户今后的采购价格应该是多少。供应商对新客户的另一种补贴方式是以旧换新,即客户可以用旧设备或库存材料与供应商交换折扣。

供应商的价格战术还有很多。比如客户在规定天数之内付款可以享受一定折扣。大定单客户可享受较低的价格。而运费补贴是对客户货运费用的补贴。返利或奖励的形式多种多样,供应商根据客户在一定时期内的交易量大小,对客户进行现金奖励或额外产品/服务免费赠送奖励。

除价格让步之外,供应商还可以向客户提供合同条款上的优惠,其中包括交货时间和地点、付款时间安排、退货条款细节、质量保障以及安装程序。例如,付款期延长也可以作为一种价格战术。

如果供应商在使用返利、配套服务等价格战术方面始终坚持原则,即可赢得坚定、一致和公平的良好声誉。我们提倡,供应商所选择的让利方式必须能够激发客户采取有利于供应商的行动。否则,任何让利行为都相当于将价值拱手送人。例如,客户只有在供应商设定的截止时间之前下整车定单,才能够获得运费补贴。这两个前提条件可以降低供应商的物流和送货成本。不满足上述两个条件的客户则不应享受运费补贴,供应商在执行这一规定时不应做出任何妥协。

交易定价

最后,交易定价方法的目的是实现每单交易的利润最大化。虽然定价在战略和战术层面必须坚持原则,但在交易层面,许多价格战略则需要灵活应用。因此企业管理层应对交易定价实施监测,力争实现每单交易的利润最大化。

管理人员可以从交易定价中了解到价格战略和价值战术执行的一致性。为强调交易定价管理的重要性,我们不妨考虑一下:事实证明,在交易量无损失的前提下,价格每提高 1%,供应商营业利润增加 11%。[4]

企业对符合定价指导方针的交易比例进行调查分析,可以更好地理解价格战略和价格战术在具体执行层面所遇到的挑战。首先,通过与企业高管面谈了解业务单位的价格战略和价格战术。然后,随机抽取近期的发票,统计有多少符合管理层所说的原则,有多少不符合。例如,我们曾经发现,某大型跨国公司的分部有 67% 的发票违反定价原则。

后果如何?首先,对于前线销售人员提交的"违反定价原则"的发票,该分部的六位经理需要耗费大部分时间考虑是否可以放行,从而忽略了真正应该做的工作。其次,由于经过批准的"特殊"价格有时未能与应收账款管理人员充分沟通,发票准确性逐渐成为一大问题。这种情况导致发票对账不一致的情况屡屡发生,无疑增加了不必要的成本,降低了客户满意度。最后,这种原则的让步给客户留下了这样一种印象,那就是只要拼命压价或者认识那个内部人员,就可以获得更加优惠的价格。结果,管理层接到的客户电话越来越多,而销售团队却正好相反,价格让步也就不可避免了。

供应商可以应用三个概念来监测交易价格。首先,管理人员创建落袋价格瀑布图,指客户从一单交易中所获得的所有条款、折扣、返利、奖励与奖金。然后用牌价减去瀑布图中的这些元素,得出落袋价格,即供应商从该单交易中实际获得的收入。最后,供应商选取一段相关时间为对象,确定落袋价格范围,反映这段时间内供应商所有落袋价格的分布。落袋价格分布的宽度与形状即可反映出定价一致性程度。

进一步分析可得知哪些细分市场中的客户所获得的折扣最大,客户的购买意愿,以及一线销售人员是否恰当行使其定价权力。管理层可以凭借落袋价格范围与瀑布图中所反映的信息,提升企业利润率。

对于刚刚开始合作的新客户,供应商采用低端落袋价格作为销售和营销手段。对于高端落袋价格客户,供应商旨在强化与客户的合作关系。具体来说,他们向优先市场细分中的客户提供额外的价值增值服务,以此增加供货量。有些供应商通过设计并实施客户忠诚度计划,将每笔交易的额外价值与目标客户分享,以期维持或建立合作关系,例如根据采购量或采购量的增长向客户发放年底返利或奖金。

同时,供应商通过客户关系交易化,重新拿回对低端落袋价格客户的采购价格控制权。例如,某供应商规定,客户在供应商管理人员完成具体的销量和毛利影响评估之后,方可获得 5% 的特殊折价。[5]

业务市场经理的最后一步是对落袋价格瀑布图进行重新设计。具体方法是分析每一个定价因素对每个具体客户的重要性,以及对自己公司利润率的影响。在某些情况下,他们可能调整某个定价元素的表达方式。例如,供应商可能放弃客户不再注重的价格元素,如合作广告津贴,而选用对客户越来越重要的年底返利的折扣形式。

暹罗城市水泥公司的定价策略

　　业务市场上的企业是如何采用基于价值的定价方式的呢？我们不妨看一下暹罗城市水泥公司的案例。暹罗城市水泥公司是霍尔希姆(Holcim)公司设在泰国的子公司，而霍尔希姆公司则是世界上最大的水泥公司之一，总部设在瑞士。[6]

　　暹罗城市水泥公司发现，泰国市场上所出售的一般的多用途水泥产品对于抹灰等建筑工序并非最佳选择。由于质地坚硬，多用途水泥涂抹在墙面上之后的完工效果较差。开裂现象常常发生，导致维修与返工成本可观。为此，暹罗城市水泥公司研制出一种特殊的砌石水泥，名为In-see Tong。这种水泥完工效果佳，表面光滑，少见开裂，而这些优点均为总承包商和地产开发商所看重。Insee Tong 水泥可加工性好、涂抹速度快，对泥瓦匠皮肤刺激性小，同时二氧化碳释放减少，降低了能源消耗。虽然总承包商、地产开发商和泥瓦匠三者的影响力不可小觑，但水泥产品的选择最终是由承包商说了算。

　　对于承包商来说，Insee Tong 水泥相比多用途水泥可节约成本29%。成本节约来源有三。首先，由于 Insee Tong 水泥无须额外添加搅拌机，且覆盖面积多出 10%，因此物料成本节约 2.4%。其次，涂抹速度快降低成本 2.2%。第三，维修工作大大减少，节约成本 24.4%。

　　多用途水泥市场售价为 90 泰铢/袋(40 公斤)，问题是 Insee Tong 水泥应该如何定价。如果采用撇油式价格策略，新水泥价格应该定位在比多用途水泥价格加上 29% 的溢价之和略低一些的位置，即 116 泰铢。在这一价格前提下，就算 Insee Tong 具备对人体皮肤刺激小、表面光滑等诸多优点，客户也不会在乎选择 Insee Tong 水泥还是多用途水泥。

　　如果采用渗透式价格策略，新水泥价格应该接近 90 泰铢。这样一

来暹罗城市水泥公司相对于把所有价值增值拱手让给了承包商。鉴于
Insee Tong 水泥的生产成本低于多用途水泥，公司决定采取较为激进的
策略，选择渗透式定价。最终新水泥价格定位在 99 泰铢，高出多用途水
泥价格 10%。在这一价格前提下，承包商将 20% 的成本节约收入囊中，
这一点成为新产品的有力卖点。

为突出较高的价格定位，新产品采用了独特的塑料膜包装，强化产
品外观，同时增加了运输便利。而且，广告策略亦占尽泰国水泥市场先
机。该广告并没有一味强调新水泥产品的功能优点，而是突出其情感特
性。Insee Tong 水泥的强度或耐久性均非广告重点，相反该广告的焦点
放在水泥墙面的光滑度上。"nian"——泰语意为"光滑"——首次应用
在水泥广告中。而画面上，一个女人把水泥粉涂在腿部，展示着堪与滑
石粉媲美的光滑度。

确保暹罗城市水泥公司所有人深刻理解 Insee Tong 水泥业务，且
欣赏产品所蕴涵的价值，这一点非常重要。管理层全体人员、销售团队
和技术支持团队参加了 Insee Tong 培训课程。公司要求他们亲自动
手，分别用 Insee Tong 水泥和竞品多用途水泥涂抹墙面，以期他们亲眼
见证了两者在效果上的差距之后，无比自信地向其他人宣告，自己的产
品优于竞争对手的传统水泥。

Insee Tong 营销方案不得不在一个对价格极为敏感的市场上，强化
产品的价值优势。必须说服客户转变思维方式，即抛弃以往只考虑每公
斤单价或每袋单价的传统思维方式，着眼于每平方米成本。客户只有在
亲身体验过 Insee Tong 水泥所带来的成本节约之后，才可能改变业界
80 年来一直使用多用途水泥的做法。为此，暹罗城市水泥公司以 100%
的首次使用折扣（即免费）向某领先房地产开发公司提供了 15 吨 Insee
Tong 水泥，用于其在建奢侈房地产项目。这样一来，开发商可以按照实
际情况计算出总成本节约。后来，该开发商成为 Insee Tong 水泥的第

一个客户,并在业界为该水泥产品进行了免费口碑宣传。随着要求最严格的地产开发商纷纷采用 Insee Tong 水泥,各目标市场逐渐积累了大批参考项目,作为开发潜在客户的依据。在以高档建筑项目为目标的产品推介初期,暹罗城市水泥公司的战略是创造一种"拉动"效应——也就是说,总承包商由地产开发商指定必须使用 Insee Tong 水泥。

与此同时,暹罗城市水泥公司也采取一步步措施,确保转售商对 Insee Tong 水泥的定价符合公司既定的价格战略与价格战术。初期,公司要求转售商必须把新水泥产品当做高档产品出售。这一战术旨在向潜在转售商表明,公司坚持高端定价,确保较高的渠道毛利。此前,的确有个别转售商偏离该定价原则,低价抛售 Insee Tong 水泥,与竞争对手打价格战。暹罗城市水泥公司了解这一情况后,果断出击,切断了对该转售商的供货。该转售商颇受打击,不过公司在一个月之后恢复对其供货,因为该转售商同意以高端价格出售产品,接受较高的单位毛利。

Insee Tong 进入市场的最初六个月中,暹罗城市水泥公司销售人员定期拜访各销售省份内的住房开发项目,检查产品的实际性能,监督承包商所支付的批发价格。公司借此收集了有关 Insee Tong 水泥实际性能与转售商是否始终坚持高端定价原则的信息。一旦发现有个别转售商定价低于 99 泰铢,公司立即采取措施,加以纠正。公司同时了解到,部分真正认识到 Insee Tong 水泥价值优势的转售商甚至以更高价格卖出产品。对于以更高价格达成销量目标的转售商,公司奖励金链条!

Insee Tong 水泥于 2003 年 3 月份首次推向市场。虽然两家竞争对手试图以低价砌筑水泥进行打压,2003 年该产品总销量仍达到 17 万吨。2004 年,砌筑水泥市场规模增长至 55 万吨,其中 Insee Tong 水泥占领 50% 的市场份额。2005 和 2006 年,砌筑水泥市场规模继续扩张,先后达到 63 万吨和 73 万吨,而 Insee Tong 水泥依然占据 50% 的市场份额。在这两年期间,砌筑水泥价格在竞争者你争我夺的情况下不断受到挤压。然而，Insee Tong 水泥始终保持着相对于多用途水泥以及其他竞品砌筑水泥的价格优势。

第八章 在业务市场上获取成功

做价值贩卖商

经验丰富的总经理、市场副总以及销售副总们深知,要在当今业务市场上获得成功有多么艰难。即使企业最终在业界取得了出众的销售增长业绩和利润率,要维护和捍卫这一来之不易的地位更是难上加难。我们认为,客户价值管理是企业立于不败之地的法宝。图 8 - 1 再次展现了我们的客户价值管理流程。

图 8 - 1 客户价值管理流程

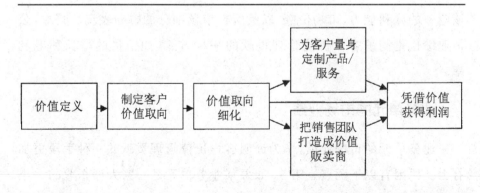

本书最后一章将为读者提供客户价值管理帮助企业取得卓越业绩

的案例,然后介绍开始实施客户价值管理流程的方法,最后阐述企业如何持续为客户提供优势价值并从中获得利润。

取得卓越业绩

客户价值管理以两种截然不同的方式促使企业取得卓越业绩。第一,客户价值管理作为一种方法和渠道,帮助企业了解哪些产品/服务上的改进是目标客户所注重的。第二,通过展示并记录产品/服务为客户实现的优势价值,客户价值管理为供应商带来更加丰厚的利润。尽管如此,客户价值管理绝非万能的灵丹妙药。

客户价值管理是一个驱动因素,无法代替技术实力。如果供应商缺乏创造和生产客户所注重的产品或服务的技术能力,那么任何改进产品或服务、提升价值的考虑都无济于事。同理,客户价值管理作为一个驱动因素也无法替代执行力。企业无法将概念和想法付诸实施以满足客户需要,那么所谓概念和想法根本没有任何价值。

从广义来讲,有两种方式可以充分证明客户价值管理对于企业业绩的贡献。首先,业务单元具体的市场业绩可以证明,如客户业务占有率、该业务的赢利能力、市场份额,以及所在市场细分的财务表现。其次,公司业绩也是衡量客户价值管理贡献的一种方式,如销量的增长和毛利率。

业务单元的市场业绩

业务单元的市场业绩,作为证明客户价值管理贡献的一种手段更加有力。原因有以下两点。第一,如果某业务单元是一家大型企业的一小部分,那么其他业务单位也许并未实施客户价值管理。因此,该业务单元出类拔萃的业绩就是最好的明证。第二,某些私营企业并未公开上市,因此无须披露业绩衡量指标。

表 8-1 列出了前面几章所引用的案例作为证明。除这些案例之外,还有作为私营企业的复合材料一号公司。该公司的毛利总额占总销量的比率从 13% 提高到了 16%,无论在绝对值还是总量增长方面都超过了同行业竞争对手。同时,阿克苏诺贝尔公司的高纯金属有机物业务在保障溢价的同时获得了 35% 的收入增长,而行业平均销售收入增长率只有 15%。

表 8-1 以卓越业绩为证:各章所述不同企业的市场业绩

企业名称	市场业绩	引用章节
鹰图	销售收入年增长率高达 35%,而行业平均值仅为 10%-12%;其利润率为 26%,而行业平均值仅为 14%-16%	2
某领先树脂供应商	新树脂产品比旧产品溢价 40%	4
橙色奥卡公司的聚合材料客户	该客户的销售人员在新聚合塑料产品的销售方面开始以更高的每吨单价赢得更多业务	4
罗克韦尔自动化	某销售人员争取到客户 32 项螺杆泵解决方案	4
固安捷	一年中对法玛实验室的销量翻了 7 倍(从 5 万美元上升到 35 万美元),第二年在此基础上再次翻番(高达 65 万美元)	4
阿克苏诺贝尔	最初流失了部分客户,但此后销量稳定,利润率大幅上升	5
道康宁与其 Xiameter 网络商业模式	Xiameter 商业模式为道康宁销售收入的增长(从 2001 年的 24 亿美元上升到 2005 年的 39 亿美元)和利润率的提升(2001 年亏损 2 800 万美元,而 2005 年赢利 5 亿美元)做出了巨大贡献	5
SKF	销量增加,销售人员成交率上升至 50%—60%	6

公司业绩

用公司业绩来衡量客户价值管理的贡献更加困难。首先，我们的案例企业大多属于业务多元化的大型集团公司的一部分。因此，企业财务报告中可以提取的财会数据信息往往过于宽泛，缺乏具体的业绩变化情况。而且，按照披露要求，这些财会信息中的许多条目并不属于市场或销售管辖范围(如租用安排、折旧时间表、并购、税务等),因此,利润数字无法准确反映出客户价值管理等举措的成效。理想的做法是,我们可以从该业务单元提取管理会计信息,甚至客户细分层面的产品信息,以便更加准确地计算出客户价值管理对于公司业绩的贡献。然而,公司出于保密考虑,并不希望将这些信息泄露出去。

因此,我们能够提供的证明客户价值管理业绩贡献的证据非常有限。规模相对较小的公司或者业务范围比较集中的企业是最佳证据来源。我们在提供相关证据的同时,也将其与同行的比较考虑在内。[1]

2005年,应用工业技术公司销量增长了13.2%,毛利率为29.2%,而这两项的行业平均值分别仅为10.1%和25.5%。固安捷的销量与利润率增长也是很好的证明。从2001年到2005年的5年时间内,固安捷的年销量增长率为2.1%,行业平均水平只有0.6%。固安捷2005年的毛利率为39.1%,而行业平均值仅为23.1%。

肯纳金属公司2005年销量增长为16.9%,行业平均增长仅为8.4%。其毛利率在2005年为34.2%,而行业平均值仅为24.8%。奎克化学公司2005年的销量增长为5.8%,行业平均值仅为3.8%。其毛利率在2005年为40.8%,而行业平均值仅为39.7%。

塔塔钢铁公司2005年销售增长为43.8%,行业平均值仅为39.8%。其毛利率2005年为39.6%,而行业平均值仅为23.8%。

此外,我们前面还以实耐格和鹰图为例,证明了客户价值管理对公司业绩的贡献。正如第一章所述,实耐格最终达成管理层设定的增长总目标,部分原因就是客户价值管理模式的实施与独特客户价值取向的确立。过去三年时间里,公司的销售量(10.1%)和赢利能力(18.7%)一致保持平均两位数增长。第二章以及本章表8-1中均叙述了鹰图公司的业绩情况。该公司销售收入年增长率高达35%,而行业平均值仅为10%—12%;其利润率为26%,而行业平均值仅为14%—16%。

启动客户价值管理

在企业中,即使提议变革也是相当困难的。你的提议会立即招致一片质疑之声。虽然我们提供了不同行业、不同国家企业实施客户价值管理的案例,但业务市场上的大多数管理人员依然对以下两点深信不疑。第一点是,他们的企业和其他企业不同。第二点是,在他们的企业实施客户价值管理比在其他企业困难更大![2]

所有经验丰富的管理人员都明白,任何企业要想成功实施持久变革都绝非易事。而且,变革所需时间之久往往让许多人望而却步。但无论如何,企业从 A 到 Z 的文化变革绝不可能一蹴而就。具体来说,价值挥霍型企业怎么可能在一夜之间蜕变成价值贩卖商呢?根据我们的经验,企业变革不可能一步登天;事实上,他们甚至无法从 A 一步跳到 B!大多数情况下,企业必须由 A 推进至 A′,然后可能进一步推进至 A″,然后才能推进至 B。不过,只要企业可以完成从 A 到 B 的转变,就完全可以从 B 转变为 E,然后到 K,最终到 Z。那么企业如何成功迈出第一步,然后加速变革步伐,从而最终成长为价值贩卖商呢?

无论客户价值管理在其他公司实施得多么成功,刚刚启动该模式的企业必须在获得初步成功的基础上,打消人们的疑虑,让管理人员对客户价值管理心服口服。在取得初步成功之后,管理层必须趁热打铁,再接再厉。

取得初步成功

为展示客户价值管理的有效性,我们建议总经理、高级管理层和销售总监尝试客户价值管理试行项目。企业往往把某一单个项目作为试行项目,这种做法是错误的,它限制了管理层积累成功经验的机会。为广泛积累相关经验,全面理解客户价值管理模式,企业应当通过试行项目同时解决 3—5 个业务问题。

　　每一个业务问题都需要制订客户价值研究计划,明确项目范围、成功的定义,以及通过客户价值研究解决问题的团队人员构成。3—5 个项目同时推进便于企业对它们进行相互比较,从项目实施过程和结果的差异中总结经验和教训,有助于参与者理解差异背后的原因。

　　客户价值管理的实施需要企业投入时间和财力,管理层希望通过实施客户价值管理大幅提高企业赢利能力,丰富企业整体的知识与技能掌握,推进企业文化变革,向价值贩卖商转变。每个项目的范围必须界定明确,确保客户价值研究在 3—4 个月时间内完成。无谓拖延时间会给项目团队增加不必要的压力,或者项目时间跨度超过半年,都是不明智的做法。如果某业务问题本身宽泛且复杂,那么最好将其分为几个阶段来解决,每个阶段约 6 个月。

　　高层必须在外围明确对每个项目成果的期望。一项业务变革在 12 个月内为企业带来 100 万美元的利润增长是一个项目的主要目标。这表示,企业为每一个项目投入的资源在相对较短的时间内为企业带来了可观的财务回报,同时积累了客户价值管理的一手知识与经验。此外,可以确保项目在解决重大业务问题的同时,按原计划时间圆满结束。

　　为获得真正实施的机会,客户价值研究项目必须树立成功的典范。成功的典范使员工深刻体会到这些项目为企业知识积累与利润率提升所做出的贡献。虽然了解客户价值是项目的重要成果之一,但要想真正落实文化变革,这些项目必须进一步提升企业利润,即如何使企业立于不败之地。我们在第四章所讨论的业务变革案例,详细介绍了企业在知识和经验方面的积累,以及企业如何通过深入推进变革进程,持续提升利润率。

　　要取得开门红,高级管理层应当在项目选择上慎之又慎,确保项目负责人和团队成员有足够时间落实项目的各项工作。高级管理层往往依赖产品经理或其他项目提议人员的建议，而不去质疑提议背后的原因以及是否有数据支持。大多数产品经理倾向于把自己企业的产品特色夸得天花乱坠！而高级管理层所选取的项目应当确保所涉及的产品具备目标客户看重的产品异化点。接下来，每个项目的目标就是对这些异化点可能带来的客户价值进行详细估算，并以货币表示出来，同时了解估算价值在两个利益细分之间的差异。

正如第四章所述，项目团队负责人会为项目投入其一半的时间，团队成员则可能投入其1/4的工作时间。时间对每个人来说都非常紧迫，而在项目进行过程中，减轻团队成员项目以外的工作似乎是不言而喻的。然而，我们不止一次亲眼看见，高层管理人员对这个问题熟视无睹，无形中增加了项目团队的工作量和工作压力。这对于客户价值管理项目实施的成果以及团队积极性所产生的破坏性影响是毋庸置疑的。以往的经验告诉我们，客户价值管理项目只有在高层意识到承诺的必要性，并采取措施给予项目负责人和项目团队成员充足时间的情况下才能获得成功。

如果高层认为项目团队提交的业务变革计划颇具说服力，进而予以批准，具体实施阶段便开始了。我们称这一阶段为价值实现阶段。该阶段的目的是，确保企业实现客户价值研究所预估的优势价值，以及业务变革计划中所详细描述的利润增值。价值实现阶段非常关键；未对该阶段予以足够重视和支持的企业无法获得最终的成功。

价值实现阶段包含几项重要工作。项目团队可能需要收集更多数据，对提交给管理层的客户价值模型进行提炼和拓展。制订行动计划，尤其是高层针对项目实施提出的问题解决方案。如果业务变革案例阶段已经形成了初步的行动计划，即开始创建或提炼价值销售工具。对销售人员进行培训，使他们通过培训掌握上述工具使用的实际经验，为业绩回顾变革提供支持,可能需要做出相应补偿。(我们曾经在本书第六章进行过逐项相关讨论。)建立反馈机制,对企业向客户承诺实现的价值和客户实际实现的价值进行比较与审查。这一点与我们在第四章所强调的价值的备案和记录是相联系的。最后,跟踪利润增值情况的系统也必须到位。

确保项目试点成功的最后一点建议是,本着真诚的态度实施客户价值管理流程。好厨师和坏厨师之间的区别是什么?好厨师通常在初次尝试新食谱时,会严格按照食谱要求来做,看效果如何。如此尝试一次之后,好厨师才会根据顾客的口味对食谱做相应调整。这样便于厨师对食谱调整前后菜肴口味的差异做出比较。相比之下,不好的厨师初试新菜品时就往往自作聪明进行调整,或者走捷径。如果结果不理想,厨师必须问自己,究竟是食谱的问题,还是自身的原因。

我想说明的一点是,项目团队至少应该在项目试点过程中,严格按照第四章详述的要求来完成。取得一定成果之后,企业可以根据具体情况和要求,对流程进行一定调整。在客户价值管理流程中,我们所创建的每一个步骤,都是基于多家企业多年来的实践经验总结得出的。我们发现流程中的任何遗漏或改变都会影响项目的最终成果。[3]

在初步成果基础上继续推进

项目试点完成之后,项目负责人、发起人以及高级管理层的相关人员应当把最成功和最失败的两个项目筛选出来进行对比。大家可以从中学到什么呢?最成功的项目足以证明客户价值管理的潜力吗?最失败的项目缺陷在哪里?企业在将来可以采取何种措施消除或者把这些缺陷的影响降到最低?

管理层应当为最成功的项目创建价值案例历史记录,并在公司内部公开,将案例上载到公司内网的显要位置。项目团队应作为有功之臣公开加以表彰。同时,价值案例历史记录中的差异,以及从中获得的其他经验教训(包括从失败案例中获得的经验教训)可以编入培训教材,用于企业下一轮客户价值管理项目。这些教材也可以让更多员工认识客户价值管理及其功能。虽然部分员工有能力从其他企业的案例中汲取经验教训,但其他员工也许很难做到这一点,而更希望从企业内部案例中学习。

取得初步成功之后,企业通常会开始第二轮客户价值研究项目。相比第一轮试点项目,这一轮可能包含一两个更具投机性的项目。更具投机性的项目可以加深企业对客户价值管理功能与贡献的认识。

建议管理层着手培养客户价值管理方面的专家,这样一来便可以任命第一轮试点项目获得成功的项目负责人作为第二轮项目负责人或者项目发起人(如果他们已经升职)。最后,管理层应当把客户价值管理作为日常企业管理的一部分进行实践。例如,管理层可要求将客户价值研究纳入所有新产品开发(NPD)流程。如此一来,高层期望 NPD 团队在进行项目回顾的过程中,阐明新产品的异化点,每个异化点的文字价值方程式,在收集目标客户信息的基础上所做的价值预估。再比如,产品经理需要根据客户价值研究的要求,为任何提议的补充服务、项目或系统,提供类似的数据支持。

持续提供优势价值

客户对于供应商带来的价值总是容易遗忘,却对自己为供应商实现的价值记忆犹新、念念不忘。当某供应商凭借客户价值管理获得成功,其他供应商是绝不会坐以待毙的;相反,他们会不甘示弱,提升自身产品或服务的价值。因此,采用客户价值管理模式的公司必须建立相关体制,确保承诺的客户价值得以实现(例如,可以采用价值记录器工具),并且实现价值持之以恒。此外,他们必须跟踪所实现的成本节约与价值增值,并让客户了解。他们还必须利用在某一市场为客户实现优势价值的经验,将此经验应用到其他市场领域。最后,他们必须采用恰当的方法,寻求全新或新一代客户价值取向。

价值记录的应用

供应商通过记录为客户实现的价值奠定了进一步为客户创造价值增值或实现成本节约的基础。我们称之为"计划内意外新发现",因为只要供应商的一线人员时刻保持警惕,他们就会发现改进业务开展方式的潜在机会。我们曾经在第七章阐述的发现价值流失与价值泄露环节就是很好的例子。精明的供应商会采取措施鼓励技术服务人员与销售代表发现并报告客户的举动、言语,以及其他可能带来新业务机会的发现。

除此之外,供应商可以通过系统跟踪为每个客户实现的价值,在下一份合同谈判之前,梳理其为客户所贡献的价值及这一价值在价格上的反映。毕竟,竞争对手抢(回)生意最常用的伎俩就是压价。在这种情况下,价值贩卖商往往在确保不丧失业务机会的前提下,分析相对竞品价格的降价空间。供应商通过用价格的百分比来表示为客户实现的优势价值,帮助客户(以及供应商自身)解答心中的疑问:这部分优势价值究竟是多少? 是否在 5% 或 7% 的溢价以内?

为什么这样做? 因为即使价值评估已经详细描述了与使用供应商产品或服务相关的具体的、可鉴别的风险,客户仍不愿进行变革。因此,要想彻底排挤竞争对手,供应商就必须为客户提供更多价值增值或价格优惠,我们把这种战术性举措称之为客户变革激励手段。如果没有这一激励手段,即使形势所迫,采购经理也不愿更换供应商。

模范供应商往往清醒地意识到,创建并细化共鸣式客户价值取向绝非一项一劳永逸的工作,因此他们持续投入资源,提升员工不断探索新一代客户价值取向的能力。SKF 采用创新方法,凭借其优势价值,不断维护和拓展客户群。SKF 提议在每个合同期内,设定一个短期目标和一个长期目标:短期目标旨在快速获得小规模经济回报,而长期目标着眼于较高的潜在经济回报。短期回报往往在 6 个月内即可实现,虽然回报有限,但树立了客户的信心,激发了客户的兴趣,用事实向管理层证明这种方法的有效性,同时鼓励客户继续努力,实现更高的远期回报。每次合同续签之前,SKF 会向客户简单介绍下一个合同期的工作计划,并再次提出长短期目标相结合的提议。

奎克化学公司的独特解决方案通常应用于 3—5 年产品和服务合同,其中产品和服务由奎克公司人员现场向客户交付。奎克公司每年派出超过 20% 的人员到客户现场办公。除提供服务之外,这部分人员借机收集相关数据信息,了解奎克产品为客户实现的成本节约或价值利益。作为化学品管理流程的一部分,奎克公司创建了名为 ChemTRAQ 的监测系统,对增值服务的实施情况进行跟踪监测,同时记录由此产生的客户成本节约。奎克公司人员通过计分卡或者"已经实现的客户价值取向"的形式,对量化成本节约与价值增值数据进行总结,编入正式案例研究报告,每月或每年向客户方经理提交。奎克客户价值取向设计与提炼的关键在于工具(即 ChemTRAQ)的使用和数据的记录(即计分卡和案例研究报告),有利于公司业绩的跟踪以及合同的执行。

借鉴已有市场的实践经验

精明的供应商懂得如何利用对现有客户行业的服务经验,打造适合其他目标市场的新一代客户价值取向。虽然难免进行一定调整,但为客户实现优势价值的基本概念已为现有市场的成功所证实,完全可以推而广之。问题在于如何把每个现有市场的成功案例汇集在一起广为宣传,并对基于成功案例成功塑造新一代价值取向的个人进行表彰。奎克化学在这方面的成绩可圈可点。

为强调客户价值取向对于成功实施公司业务战略的贡献,奎克每年为化学品项目经理组织一次客户价值取向培训。参加培训的项目经理通常是被派往客户处现场办公的人员,负责客户价值取向的制定与执行。他们首先回顾案例研究报告,这些案例涉及来自各行业的奎克公司客户,主要讲述奎克如何帮助客户圆满完成成本节约项目,以及如何将成本节约进行量化。培训通过分组竞赛的方式,请受训人员模拟真实场景,对扮演客户方经理的同事进行采访,收集信息并在此基础上设计客户价值取向。设计出最佳客户价值取向的优胜组赢得"吹嘘权",这种权利在奎克的竞争型企业文化中颇受推崇。奎克认为,这类培训项目有助于完善化学品项目经理发现成本节约项目机会的能力,具有实战指导意义。

价值取向培训的最后一部分是实战竞赛,规定化学品项目经理在90天内向各自客户提交一份成本节约项目建议书。由化学品管理部门总监对所有建议书进行评判,并提出反馈意见。如果他认为某经理的项目可行,便为其颁发礼品证书。奎克对于客户年均 500 万—600 万美元成本节约的承诺便是通过上述项目的实施得以兑现的。

探索新的客户价值取向

模范供应商通常建立起一系列流程,旨在发现新的潜在客户价值取向,并对其进行系统评估。所谓新的价值取向可能以进入 NPD 流程的新产品为基础,也可能以新开发的、有价值的补充服务为基础。

GE 基础设施集团水处理及工艺过程处理公司发现新的客户价值取向。GE 基础设施集团水处理及工艺过程处理公司近期为炼厂客户开发了一种全新服务,体现了总经理集中有限资源为客户创造最大价值增值、获取客户回报的策略。原油无疑是炼厂最大的成本源,而单价最为昂贵的当属低硫原油。高硫原油虽然价格低廉,但在炼制过程中产生过多酸性物质,对设备的腐蚀性和破坏性相当大。炼厂不是不可以选择低廉的高硫原油作为炼制油品的原料,但考虑到热交换器等昂贵的工艺流程设备可能受到严重损害,一直犹疑不决。而且,炼厂最大的担心莫过于可靠性;如果由于设备过度腐蚀导致意外停工,炼厂的代价和损失无法估量。

GE 基础设施集团水处理及工艺过程处理公司凭借对炼厂工艺流程与赢利模式的全面而深入的理解,提出了创新构想:即开发一种新型服务,帮助炼厂实现高硫原油与低硫原油混合原料生产,提高炼厂赢利能力。GE 基础设施集团水处理及工艺过程处理公司一线销售代表向碳氢化合物行业部市场总监提交了新产品推出申请报告,对该构想进行进一步分析。(一线销售代表或者公司任何人员想到任何客户解决方案的构想,并相信这一构想会带来可观价值,均可随时提交新产品推出申请报告。)

对相关行业有着全面、专业了解的行业部门市场总监通过项目范围研究,分析新产品构想实现巨大客户价值的潜力与可行性。他们围绕新产品构想创建虚拟业务案例,供公司高层管理团队审核。该构想最终从激烈的资源竞争中脱颖而出,获得了高层的支持与批准,最终演变为后来的"捕食者客户服务"。

"捕食者"首先通过公式计算出,炼厂将不同级别的原油进行混调对炼制过程的影响。捕食者服务包括一套探测系统;关键设备均安装系统传感器,对酸度进行监测,必要时由喷射器向系统注入防腐剂。虽然客户需要向 GE 基础设施集团水处理及工艺过程处理公司购买计算公式、预测模型、传感器以及防腐剂,但这部分成本增加远远低于采购廉价原油所节省的成本。事实上,后者是前者的 5—10 倍。GE 基础设施集团水处理及工艺过程处理公司凭借其价值生成计划流程与工具,展示了炼厂客户使用捕食者服务可以实现的潜在成本节约,继而对实际实现的成本节约加以记录备案,最终成就了颇具威力的客户价值取向。

价值贩卖商发现实现优势价值的新方法。我们见过的最精明睿智的一位价值贩卖商是某行业协会当选主席。这位行业协会主席在一次年会讲话时,向听众讲述了他所在企业为实现优势价值所做出的努力。一位竞争对手对此颇感惊讶,事后问他是否担心向同行泄密。他回答说:"不会,竞争对手还没来得及追平,我们已经向更高的目标发起了冲击。"

这些行业协会主席告诉我们这个故事的目的是要阐明一个道理:所谓向同行泄密实际是故意为之,因为与精明的对手过招方才尽兴。他明白,如果能够激发对手打价值战,放弃价格战,整个行业才能共同进步。他更加明白,真正的价值贩卖商永远不会停止追求全新优势价值实现方式的脚步。

附 录 A

客户价值与价格的关系

客户价值与价格是如何相互联系的?[1]为激发对这一问题的分析与讨论,读者不妨把自己放在客户方经理的位置上,思考以下有关电气设备采购的业务情景,然后决定应该向公司推荐哪一家供应商的产品。

公司需要在两家供应商产品之间做出采购选择:其中一家供应商是 M,另一家是 P。根据公司对两家供应商的产品价值分析,M 供应商产品价值为 4 欧元,P 产品价值为 6 欧元。M 供应商产品价格为 1 欧元,而 P 价格为 2 欧元。

你会推荐哪家供应商的产品:M 还是 P? 从不同角度分析,得出的结论也不同。如果采用比率比较法,你会选择 M 供应商:

$$价值_m / 价格_m > 价值_p / 价格_p \quad (方程式 A-1)$$

$$€4/€1 > €6/€2 \quad (方程式 A-1a)$$

比率比较法成为客户价值和价格相互联系的方式。正如杰拉德·史密斯(Gerald Smith)断言的:"价值和价格的关系始终涉及价值的两个维度,客户所获得的(利益、成本节约、赢利)与客户所放弃的(金钱、时间、努力、机会成本)。营销人员大多把两个维度结合在一起,用比率的方式表示出来:价值＝客户获得的利益与支付价格的比率。"注意,史密斯的说法并未考虑公度性问题,且将价格(用货币表示)看做价值的一部分。这与我们对价值的定义南辕北辙。[2]

如果采用差异比较法,你会得出完全相反的结论,即选择供应商 P,而非供应商 M:

$$价值_p - 价格_p > 价值_m - 价格_m \qquad (方程式\ A\text{-}2)$$
$$€6 - €2 > €4 - €1 \qquad (方程式\ A\text{-}2a)$$

也许史密斯说的对:大多数营销人员——至少是市场研究人员——推崇比率比较法,但是这种方法在两大方面容易引起误导。

第一,与客户方经理进行的定性研究显示,相对于比率计算,人们更擅长差异计算。尽管为便于读者理解两种比较方法的差别,我们在上述情景中选择以货币金额为单位进行计算,但除法始终不如减法直观。读者可以自己尝试一下:选择 a、b、c、d 四个数字,计算 a 除以 b、c 除以 d,然后计算 a - b、c - d,结论不言而喻。

第二点,也是更关键的一点,差异比较法是企业进行业绩跟踪的方式。简而言之,企业收入减去总成本就得出企业利润。在上述情景中,虽然比率比较法的结论是选择供应商 M,但这是否的确是客户的正确选择呢? 假设客户需要采购 100 万件产品,虽然供应商 P 产品价格高于供应商 M(€1),但前者带来的优势价值完全可以覆盖额外成本。这样一来,客户选择供应商 P 的产品,可以实现 100 万欧元的利润增值。

有些情况下,两家竞争供应商产品的价值与价格无论采用比率比较法还是差异比较法,都会得出相同的结论。但正如上述案例显示,两种比较法更容易得出相反的结论。总之,大多数研究人员、文章书籍作者以及企业管理人员并未参透客户价值与价格之间的相互关系,他们的判断缺乏理论支持。根本价值方程式中的差异公式有助于我们将注意力集中在重大价值元素上(见第三章和第四章)。

附 录 B

Peopleflo 制造公司环保型
齿轮泵的客户价值模型

Peopleflo 制造公司设计出新

一代密封旋转泵,无动力主轴密封,减少了因主轴密封口损坏而导致的问题。Peopleflo 环保型齿轮泵不仅满足了客户降低维修成本的要求和偏好,还以不太昂贵的价格消除了一个污染源环节。该泵机的目标市场是油漆、松脂、墨水和黏合剂生产商。[1]

维金(Viking)公司的动力密封齿轮泵被市场认为是除此之外的第二选择。相比之下,上述两种泵机存在四个异化点:意外维修成本节约、计划维修成本节约、泵机更换成本节约和密封泄露清除成本节约。供应商可将客户实际使用泵机的数据加以收集,估算异化点,建立各异化点的文字价值方程式,然后在此基础上创建客户价值模型。

意外维修成本节约的文字价值方程式和前提假设如下:

意外维修成本节约 = [(维金泵机每年意外维修次数 - Peopleflo 泵机每年意外维修次数) × [(清除故障耗用的平均工时 × 全职工人工资) + 每次故障零部件采购平均价格 + 每次故障零部件处理平均

成本＋每次故障平均停工成本）］÷现役同类泵机数量

前提假设：

1. 采购价格为采购成本的保守估计。

2. 节省的工时可以得到更加有效的利用，如用于从事预防性或预见性维修工作。

3. 工时包括分析故障原因、零部件调整/更换和设备清理。

计划维修成本节约的文字价值方程式和前提假设如下：

计划维修成本节约＝［维金泵机每年计划内密封带更换次数×（密封带平均采购价格＋（每次更换密封条耗用的平均工时×全职工人工资））］÷现役同类泵机数量

前提假设：

1. 采购价格为采购成本的保守估计。

2. 节省的工时可以得到更加有效的利用，如用于从事预防性或预见性维修工作。

泵机更换成本节约的文字价值方程式和前提假设如下：

泵机更换成本节约＝［（维金泵机每年更换台数－Peopleflo 泵机每年更换台数）×（（每次更换泵机耗用的平均工时×全职工人工资）＋每台泵机处理成本）］÷现役同类泵机数量

其中：

每台泵机处理成本＝［（清洗旧泵机耗用的平均工时×全职工人工资）＋清洗用品采购价格］，或者为泵机处理的外包成本

前提假设：

1. 采购价格为采购成本的保守估计。
2. 节省的工时可以得到更加有效的利用,如用于从事预防性或预见性维修工作。

密封口修复成本节约的文字价值方程式和前提假设如下:

密封泄漏清除成本节约＝[维金泵机每年清除泄漏的次数×((每次泄漏清除耗用的平时工时×全职工人工资)＋泄漏清除所需材料价格＋泄漏材料处理成本)]÷现役同类泵机数量

前提假设:与计划维修成本节约的前提假设相同。

两种泵机价差的文字方程式及相关前提假设如下:

泵机价差＝(维金泵机价格÷预计使用年限)－(Peopleflo 泵机价格÷预计使用年限)

前提假设:Peopleflo 泵机的预计使用寿命根据加速使用测试得出。

最后,价值预留位是任何客户价值模型不可或缺的一部分。价值预留位为目前尚且无法确定但将来可能产生的价值预留了位置。Peopleflo 泵机与维金泵机的比较价值模型中包含以下两个价值预留位:

1. Peopleflo 环保型齿轮泵可以通过减少逃逸性排放、降低工人的健康风险以及潜在降低有害物质处理风险,帮助客户企业履行环保责任。
2. Peopleflo 环保型齿轮泵可避免或大大减少意外维修与泄漏清除带来的困扰(即带来了社会利益)。

注　　释

第一章

1. Lisa M. Ellram, "Total Cost of Ownership: An Analysis Approach for Purchasing," *International Journal of Physical Distribution & Logistics* 25, no. 8 (1995): 4 – 23; and Marc Wouters, James C. Anderson, and Finn Wynstra, "The Adoption of Total Cost of Ownership for Sourcing Decisions: A Structural Equations Analysis," *Accounting, Organizations and Society* 30 (2005): 167 – 191.

2. 对该类方法表示推崇的两篇文章是：Thomas H. Davenport, "Competing on Analytics," *Harvard Business Review*, January 2006, 98 – 107; and Jeffrey Pfeffer and Robert I. Sutton, "Evidence-Based Management," *Harvard Business Review*, January 2006, 62 – 74。

第二章

1. 这一部分内容改编自 James C. Anderson, "From Understanding to Managing Customer Value in Business Markets,"in *Rethinking Marketing: Developing a New Understanding of Markets*, ed. H. Ha-

kansson，D. Harrison，and A. Waluszewski（London：John Wiley，2004），137－159. © 2004. John Wiley & Sons Limited 版权所有。许可复制。

2．Bradley T. Gale，*Managing Customer Value*（New York：Free Press，1994），xiv（emphasis in original）；Robert J. Dolan and Hermann Simon，*Power Pricing：How Managing Pricing Transforms the Bottom Line*（New York：Free Press，1996），9；Gerald E. Smith，"Segmenting B2B Markets with Economic Value Analysis，" *Marketing Management*，March 2002，36；and Thomas T. Nagle and Reed K. Holden，*The Strategy and Tactics of Pricing*，3rd ed.（Upper Saddle River，NJ：Prentice Hall，2002），74（emphasis in original）.

3．James C. Anderson and James A. Narus，*Business Market Management：Understanding，Creating，and Delivering Value*，2nd ed.（Upper Saddle River，NJ：Pearson Prentice Hall，2004），6（emphasis in original）.

4．把价格看做客户价值一部分的近期案例，见 David D. Swaddling and Charles Miller，"From Understanding to Action，" *Marketing Management*，July-August 2004，31－35。

5．Lawrence D. Miles，*Techniques of Value Analysis*，3rd ed.（Washington，DC：Lawrence D. Miles Value Foundation，1989）.

6．关于品牌建设背景下的同化点与异化点，详见 Kevin Keller，Brian Sternthal，and Alice Tybout，"Three Questions You Need to Ask About Your Brand，" *Harvard Business Review*，September 2002，80－86。

7．James C. Anderson，James A. Narus，and Wouter van Rossum，"Customer Value Propositions in Business Markets，" *Harvard*

Business Review，March 2006，90 – 99.

第三章

1. W. Chan Kim and Renée Mauborgne，"Value Innovation：The Strategic Logic of High Growth," *Harvard Business Review*，January-February 1997，102 – 112；and W. Chan Kim and Renée Mauborgne，"Creating New Market Space," *Harvard Business Review*，January-February 1999，83 – 93.

2. 美可公司案例摘自 V. Kasturi Rangan，*Transforming Your Go-to-Market Strategy：The Three Disciplines of Channel Management* (Boston：Harvard Business School Press，2006)。网杰与布隆伯格案例摘自 W. Chan Kim and Renee Mauborgne，*Blue Ocean Strategy：How to Create Uncontested Market Space and Make the Competition Irrelevant* (Boston：Harvard Business School Press，2005)。戴尔案例摘自 Nirmalya Kumar，*Marketing as Strategy：Understanding the CEO's Agenda for Driving Growth and Innovation* (Boston：Harvard Business School Press，2004)。

3. Francis J. Gouillart and Frederick D. Sturdivant，"Spend a Day in the Life of Your Customers," *Harvard Business Review*，January-February 1994，116 – 125.

4. 艾克西欧斯是 James C. Anderson 公司在客户公司实施客户价值管理的战略合作伙伴。

5. 鹰图公司的弗兰克·卓普于 2005 年 3 月 2 日接受了作者的访问。

注释

第四章

1. 供应商通常把自身产品或服务相对于第二选择产品或服务具备优势价值的市场（或市场细分）作为开展研究项目的重点，旨在进一步巩固其产品或服务的价值地位。然而，客户研究项目也可以反其道而行之，关注第二选择产品或服务相对于供应商自身产品或服务具备优势价值的市场（或市场细分）。在这种情况下，供应商研究项目的目的在于探索巩固自身产品或服务价值的潜在方式，以超越第二选择产品或服务的价值。此外，供应商还可以空白市场（或市场细分）为研究对象，探索超越当前该市场（或市场细分）第一选择供应商的产品或服务。

2. James C. Anderson，James A. Narus，and Wouter van Rossum，"Customer Value Propositions in Business Markets," *Harvard Business Review*，March 2006，90 - 99.

3. 橙色奥卡是 James C. Anderson 公司在客户公司实施客户价值管理的战略合作伙伴。

4. 关于 TCO 工具箱的更多信息，请访问 www.tcotoolbox.com。该部门原属罗克韦尔，后由 Balder Electric 收购。

5. 改编更新自 James C. Anderson and James A. Narus，"Business Marketing：Understand What Customers Value," *Harvard Business Review*，November-December 1998，53 - 65。

第五章

1. James C. Anderson and James A. Narus，"Capturing the Value of Supplementary Service," *Harvard Business Review*，January-

February 1995，75－83；and James C. Anderson and James A. Narus，*Business Market Management*：*Understanding*，*Creating*，*and Delivering Value*，2nd ed. （Upper Saddle River，NJ：Pearson Prentice Hall，2004），chapter 5.

2．Anderson and Narus，*Business Market Management*，187.

3．Robin Cooper and Robert S. Kaplan，"Profit Priorities from Activity-Based Costing，" *Harvard Business Review*，May-June 1991，130－135.

4．James C. Anderson and James A. Narus，"Selectively Pursuing More of Your Customer's Business，" *MIT Sloan Management Review*，Spring 2003，42－49.

5．巴克斯特国际有限公司总部设在美国,目前已经分裂为两个公司。该案例以及后面几个案例中提到的巴克斯特医疗保健有限公司于1996年更名为忠诚公司（Allegiance Corporation）。忠诚公司于1999年与卡迪那医疗保健有限公司合并,现名为卡迪那医疗保健忠诚公司。

6．Michael V. Marn and Robert L. Rosiello，"Managing Price，Gaining Profit，" *Harvard Business Review*，September-October 1992，84－94.

7．Robert S. Kaplan and Steven R. Anderson，"Time-Driven Activity-Based Costing，" *Harvard Business Review*，November 2004，131－138. 时间方程式的案例来自 135 页。

8．该企业公司所有权发生了变化。企业现名为 VWR Scientific Products。

9．Nirmalya Kumar，"Strategies to Fight Low-Cost Rivals，" *Harvard Business Review*，December 2006，104－112.

注释

第六章

1. Steven Kerr，"On the Folly of Rewarding A，While Hoping for B，" *Academy of Management Executive*，February 1995，7－16.

2. 关于邀请销售人员早期参与并获得支持方面的详细内容，见 Thomas A. Stewart，"Leading Change from the Top Line，" *Harvard Business Review*，July-August 2006，90－97。

3. 罗克韦尔自动化公司的 Adrian Soghigian、Chris Spees 和 Bruce Walters 于 2006 年 5 月 18 日接受了本书作者的访问。

第七章

1. James C. Anderson and James A. Narus，"Selectively Pursuing More of Your Customer's Business，" *MIT Sloan Management Review*，Spring 2003，42－49.

2. Hermann Simon，"Pricing Opportunities—and How to Exploit Them，" *Sloan Management Review*，Winter 1992，55－65.

3. Shantanu Dutta et al.，"Pricing as a Strategic Capability，" *MIT Sloan Management Review*，Spring 2002，61－66.

4. Michael V. Marn and Robert L. Rosiello，"Managing Price，Gaining Profit，" *Harvard Business Review*，September-October 1992，84－94.

5. Louise O'Brien and Charles Jones，"Do Rewards Really Create Loyalty?" *Harvard Business Review*，May-June 1995，75－82.

6. 暹罗城市水泥公司的 Chantana Sukumanont 和 Siva Mahasan-

dana 于 2007 年 1 月 29 日接受了本书作者的访问。

第八章

1. 该公司业绩数据来源为 Thomson One Banker，http：∥origin-banker. thomsonib. com。

2. 如果客户价值管理模式在其他公司成功实施，那么多部门或多行业公司依然相信这两个"事实"。了解到客户价值管理模式在其他公司的成功实施，许多管理人员对我们说："哦！那些公司实施起来容易！我们公司困难就大了。"

3. Gabrial Szulanski and Sidney Winter, "Getting It Right the Second Time," *Harvard Business Review*, January 2002，62－69.

附录 A

1. 该附录内容改编自 James C. Anderson, "From Understanding to Managing Customer Value in Business Markets," in *Rethinking Marketing：Developing a New Understanding of Markets*, ed. H. Hakansson, D. Harrison, and A. Waluszewski（London：John Wiley，2004），137－159. © 2004。John Wiley & Sons Limited 版权所有。许可复制。

2. Gerald E. Smith, "Segmenting B2B Markets with Economic Analysis," *Marketing Management*, March 2002，36.

注释

附录 B

1. James Anderson 是 Peopleflo 制造公司的投资者之一、董事会董事。

作 者 简 介

詹姆斯·C.安德森（James C.Anderson）是著名的市场营销与批发配送学教授,同时任西北大学凯洛格（Kellogg）商学院管理系行为科学教授,宾夕法尼亚州立大学著名 ISBM 研究所研究员,荷兰特文特（Twente）大学商业学院、公共管理学院以及技术学院客座教授。

安德森教授的学术研究兴趣在于如何在市场上创建颇具说服力的价值取向,以及展示并用数据支持产品或服务优势价值的衡量方法。他撰写了多达 40 几篇期刊论文,其中 5 篇发表在《哈佛商业评论》（*Harvard Business Review*）杂志上,包括"业务市场：了解客户关注点"（Business Market：Understand What Customers Value）和"业务市场上的客户价值取向"（Customer Value Proposition in Business Markets）。他还是《业务市场管理：了解、确立并实现价值》（*Business Market Management：Understanding，Creating，and Delivering Value*）一书的作者之一,目前该书第二版已由培生出版社（Pearson Prentice Hall）出版。

詹姆斯·安德森现任詹姆斯·C.安德森 LLC 公司总裁。这是一家国际管理咨询公司,主要为客户公司提供客户价值管理实施方面的服务。詹姆斯曾经为北美、南美、欧洲、亚洲和澳大利亚的多家客户公司提供咨询服务或举办研讨会,如美国运通（American Express）公司、爱卡迪斯公司（Arcadis）、法国梅里埃公司（BioMerieux）、埃克森美孚（Exxon Mobil）、Femsa Empaque 公司、通用电气（GE）、国际纸业公司（International Paper)、强生(Johnson & Johnson)、微软(Microsoft)、奥克拉(Orkla)集团、PPG 工业公司和 3M 公司。

尼尔马利亚·库马尔(Nirmalya Kumar)任伦敦商学院市场营销学教授、管理者教育项目教学总监、营销研究中心总监、阿迪亚波拉印度中心(Aditya Birla India Centre)联合总监。库马尔教授曾任教于哈佛商学院、瑞士洛桑国际管理学院(IMD)以及西北大学。

库马尔教授获得西北大学凯洛格商学院博士学位。他曾在财富500 强中位于 50 个国家的 50 家公司任辅导员、研讨会负责人以及战略与市场营销学演讲人。同时,他曾任企业顾问联合会(ACC)、巴塔印度有限公司(Bata India)、BP Ergo、Defaqto 公司、Gujarat Ambuja Cements 公司,以及 Zensar Technologies 公司董事会董事。

库马尔教授堪称多产作家,著作包括《全球市场营销》(*Global Marketing*)以及哈佛商学院出版社出版的《营销思变》(*Marketing as a Strategy：Understanding the CEO's Agenda for Driving Growth and Innovation*)和《自有品牌：狼来了》(*Private Label Strategy：How to Meet the Store Brand Challenge*)等。他编写了 40 几份案例研究报告,在《哈佛商业评论》杂志上发表过四篇文章——最近发表的一篇文章题为"与低成本对手的竞争策略"(Strategies to Fight Low-Cost Rivals)。此外,他的多篇学术论文也曾在一级刊物上发表,引述者不计其数。多年来,他亦曾获得多个教育奖项。

詹姆斯·A.纳鲁斯(James A. Narus)任美国维克森林大学(Wake Forest University)管理学研究生院商业市场营销学教授,是宾夕法尼亚州立大学业务市场研究所著名研究员。他曾在西北大学、宾夕法尼亚州立大学、位于奥斯汀(Austin)的德克萨斯大学、德克萨斯 A&M 大学管理人员发展项目任教,也曾任教于阿根廷底德拉大学(Universidad Tor-cuato Di Tella)、丹麦哥本哈根商学院、法国波尔多管理学院(Bordeaux School of Management)、爱尔兰都柏林大学学院以及荷兰特文特大学的国际管理课程。

纳鲁斯教授著有多篇有关业务市场管理的文章,发表在《哈佛商业评论》、《麻省理工学院斯隆管理评论》(*MIT Sloan Management Review*)、《加利福尼亚管理评论》(*California Management Review*)以及《市场营销杂志》(*Journal of Marketing*)等刊物上。纳鲁斯教授与詹姆斯·C.安德森教授合著了《业务市场管理:了解、确立并实现价值》一书。

纳鲁斯教授曾为多家公司和企业举办管理人员培训研讨会,并提供专业咨询服务。在其学术生涯开始之前,他曾任杜邦公司市场研究分析员与研究员。